Hanns-Peter Krafft
Claudia Wirsching
Clowns & Co.
Kreative Basteleien aus Holz

W0071985

Ravensburger CREATIV

HANNS - PETER KRAFFT
CLAUDIA WIRSCHING

CLOWNS & CO.

KREATIVE BASTELEIEN
AUS HOLZ

OTTO MAIER RAVENSBURG

© 1991 Ravensburger Buchverlag
Otto Maier GmbH
Alle Rechte vorbehalten
Konzeption: Hanns-Peter Krafft
Umschlaggestaltung:
Ekkehard Drechsel
Fotos und Zeichnungen:
Claudia Wirsching
Gesamtherstellung:
Druckerei Uhl, Radolfzell
Printed in Germany

94 93 92 91   4 3 2 1

ISBN 3-473-45619-5

CIP-Titelaufnahme der
Deutschen Bibliothek

Hanns-Peter Krafft / Claudia Wirsching:
Clowns & Co.: Kreative Basteleien
aus Holz / Hanns-Peter Krafft /
Claudia Wirsching. –
Ravensburg: Maier 1991
(Ravensburger Creativ)
ISBN 3-473-45619-5
NE: Clowns und Co.

Inhalt

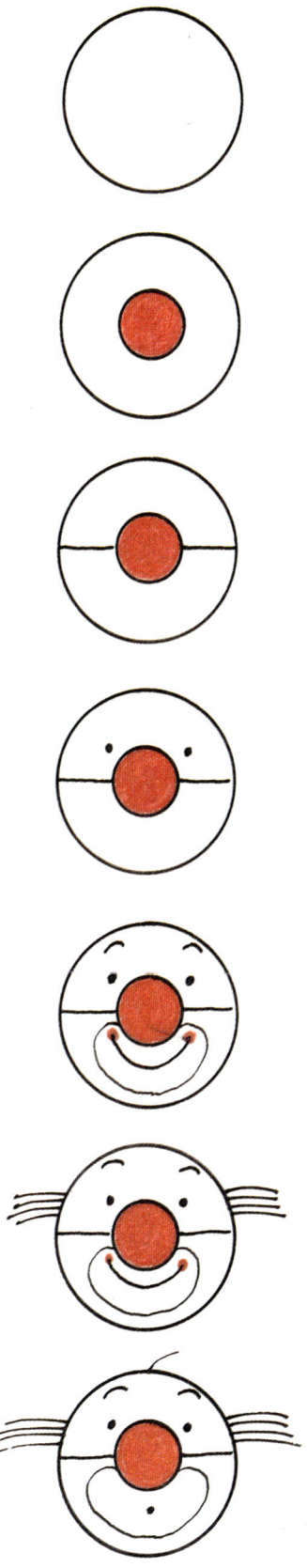

◆ VORWORT ◆

DER LUSTIGE CLOWN AUF DEM TITEL STEHT FÜR DAS, WAS WIR MIT DIESEM BUCH VERMITTELN WOLLEN:
SPAß AM SELBERMACHEN, AN DER EIGENEN KREATIVITÄT, FREUDE AM GELUNGENEN ERGEBNIS. MAN MUß KEINESWEGS ÜBER BESONDERE HANDWERKLICHE ODER KÜNSTLERISCHE FÄHIG-KEITEN VERFÜGEN, UM MIT ERFOLG KREATIV TÄTIG ZU SEIN. DIE EINZIGE VORAUSSETZUNG - NEBEN ZEIT UND MUßE:
DER WILLE ETWAS SCHÖNES ZU SCHAFFEN.

DER HAUPTWERKSTOFF FÜR ALLE IN DIESEM BUCH ENTHALTENEN BASTELEIEN IST HOLZ. DAS VORHANDENSEIN EINER STANDARD-HEIM-WERKERAUSRÜSTUNG MIT SÄGE UND HANDBOHR-MASCHINE WÄRE ALSO ÄUßERST HILFREICH. DIE ANDEREN MATERIALIEN SIND LEICHT ZU BESCHAFFEN ODER, MIT ETWAS FANTASIE, ZU ERSETZEN.
OFT WERDEN WIR GEFRAGT: WAS KANN MAN MIT DEN SACHEN, DIE SIE MACHEN, TUN?
UNSERE ANTWORT: NICHTS - AUßER SICH AN IHREM ANBLICK ERFREUEN.
WIR MEINEN, DAS IST EINE GANZE MENGE!

HANNS-PETER KRAFFT
CLAUDIA WIRSCHING

Material und Werkzeug

Alle Körper der in unserem Buch enthaltenen Figuren bestehen im allgemeinen aus Kiefernholz (Massivholz oder Sperrholz). Ausnahmen sind die vorgefertigten Elemente, wie Kugeln oder Rundstäbe. Beim Einkauf des Massivholzes sollten Sie in jedem Fall Weichholz, wie Kiefer, Fichte oder Tanne, verlangen.
Für das Bemalen bietet die Industrie umweltfreundliche, wasserlösliche Decorlackfarben (wie Marabu) an. Im einen oder anderen Fall können aber auch heute noch Nitro- oder Acrylfarben nicht ersetzt werden. Bei der farblichen Ausgestaltung der Sperrholzmotive können Sie auch zu untypischen Mitteln greifen, nämlich Tusche und Buntstiften. Im übrigen können Schutz und Glanz der Oberflächen durch einen farblosen Lacküberzug erhöht werden. Bei der Auswahl der Pinsel gilt der Grundsatz: Je feiner (das Motiv), desto niedriger (die Ziffer für) die Pinselstärke. Allgemein sind vier Arten von Pinseln notwendig: runde Haarpinsel, flache und breite Borstpinsel (zum Grundieren), Ringpinsel (speziell für die Katze). Alle anderen Materialien erhalten Sie im Fach-

handel. Sollten Sie Schwierigkeiten bei der Beschaffung haben, hilft die Firma Horst Meier GmbH, 7129 Zaberfeld (diese Adresse genügt), die Ihnen auf Anforderung ein kleines Materialpaket zuschickt; Horst Meier hat übrigens die gezeigten Objekte fast ausnahmslos in sein Sortiment aufgenommen. Eines der wichtigsten Werkzeuge ist die Säge. Es muß jedoch nicht unbedingt eine Super-Universalsäge sein. Oft reicht auch schon eine Laubsäge oder eine Feinsäge, die in Verbindung mit der Gehrungslade sehr genaue Schnitte im Winkel von 90 und 45 Grad ausführt. Eine Steigerung an Präzision und Winkelvielfalt bietet natürlich die Gehrungssäge. Bitte beachten Sie beim maßgenauen Sägen, daß jeder Sägeschnitt eine bestimmte Breite hat, im Holz also ein gewisser Verlust entsteht. Daher ist es notwendig, beim Trennen *auf* und beim Abschneiden *neben* der Linie zu sägen. Denken Sie bitte auch daran, daß bei den anschließenden Feinarbeiten (Schleifen) weiteres Material wegfällt. Bemessen Sie das Material also zunächst bewußt großzügig, damit Sie sich beim

Schleifen mit dem Schleifklotz an das exakte Maß annähern können. Für alle kreisförmigen Ausschnitte aus dem Massivholz bietet sich die Lochsäge an, die nur in Verbindung mit einer elektrischen Bohrmaschine zu verwenden ist. Diese Maschine gehört ebenfalls zur Standard-Ausrüstung. Durch die Kombination mit einem Bohrständer entstehen die sauberen und winkelgenauen Löcher. So wie zur Arbeit mit der Laubsäge das Laubsägebrett und die Zwinge(n) gehören, brauchen Sie zu bestimmten Arbeiten entsprechende Hilfswerkzeuge. Wenn Sie zum Beispiel eine Kugel bohren wollen, dann brauchen Sie einen Hartholzklotz mit ausgesägtem Keil. Diesen Klotz sollten Sie mit einer Schraubzwinge fixieren; und um in möglichst großer Distanz zum rotierenden Bohrer zu bleiben, halten Sie die Kugel mit einer Wasserrohrzange.
Dieses Beispiel soll zeigen, daß es auch dann auf Ihren Einfallsreichtum ankommt, wenn Sie nach Hilfswerkzeugen beim Bohren oder Sägen Ausschau halten.

Arbeitshinweise

Die schriftlichen Bastelanleitungen in diesem Buch sind bewußt einfach gehalten. Es macht wenig Sinn, beispielsweise die Erfahrungen beim Sägen theoretisch vermitteln zu wollen. Denn während der eine es mit der Laubsäge probiert, benutzt der andere eine Universalsäge. Gleiches gilt für die Beschreibung der Arbeitsvorgänge beim Bohren oder auch des Herstellens von Verbindungen. Gerade hier gibt es die unterschiedlichsten Techniken: Es kann gedübelt und geleimt, genagelt oder geschraubt werden; das Verbindungsproblem kann aber auch mittels Heißkleber oder Metallklammern gelöst werden. Möglichst viele Fotos und Zeichnungen sollen eine komplizierte Vorgangsbeschreibung überflüssig machen. Wir haben auch an die natürlichen Unzulänglichkeiten des Holzes gedacht. Wenn Sie mit der Oberfläche nicht zufrieden sind, kitten und schmirgeln Sie die Natur einfach glatt. Im übrigen gibt es noch die vorgegebenen kräftigen Farben, mit denen Sie so manchen „oberflächlichen" Fehler vertuschen können. Und wo selbst Farbe nichts hilft, verdeckt Plüsch oder anderes

dekoratives Beiwerk die handwerklichen kleinen Mängel. Mit ein wenig Fantasie fällt Ihnen garantiert immer eine Lösung ein.
Wer zum ersten Mal ein glattes Stück Holz grundiert, beziehungsweise bemalt, wird feststellen, daß sich – infolge der Feuchtigkeit der Farbe – kleine Fasern aufrichten. Die Oberfläche wird rauh. Dann ist ein Feinschliff vonnöten. Für diese erste Oberflächenbehandlung mit Farbe kann man einen sogenannten Füller verwenden. Das Malen verlangt wenig Übung. Je feiner das Motiv, desto anspruchsvoller ist freilich der Umgang mit Farbe und Pinsel. Wer eine Alternative sucht, kann auf die weiße Grundierung auch mit Farbstiften zeichnen. Die vorgegebenen Konturlinien werden dazu kopiert und mit Feder und Tusche nachgezogen, so daß man dann die Zwischenräume mit Stiftfarben ausmalen kann.
Noch einige Anmerkungen zu den Anleitungen: Alle angegebenen Maße entsprechen den Abmessungen der im Foto gezeigten Objekte. Wenn Sie an die Arbeit gehen, sollten Sie Ihr Maß festlegen. Bedienen Sie sich dann am besten

eines Kopiergerätes, das mit dem gewünschten Vergrößerungsfaktor programmiert werden kann. Bei allen Teilen, die besondere Genauigkeit verlangen, sollten Sie anhand der Informationen in unseren Skizzen eine exakte Zeichnung auf dem Werkstück anfertigen. Viele Hinweise in den Anleitungen erscheinen nur einmal auf der Seite, wo sie zum ersten Mal notwendig erscheinen. Im folgenden gibt es dann Querverweise.

FLOPPi

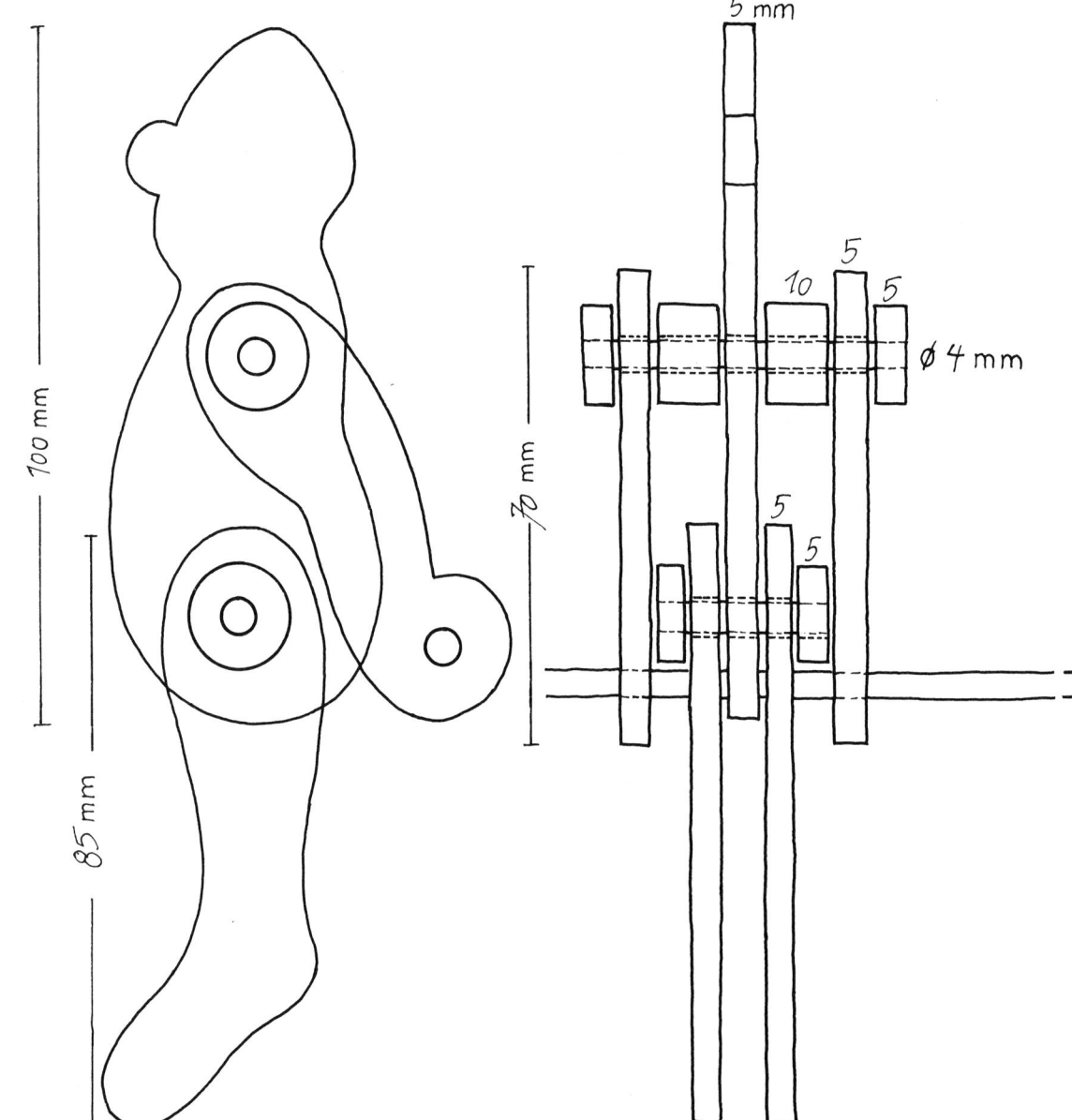

Zeichnung in Originalgröße. Die Körperteile (2 Beine, 2 Arme, Rumpf mit Kopf) werden mit der Laubsäge gearbeitet. Dazu kommen 3 Achsen in Form von Rundstäben, 4 Endstücke aus Sperrholz und 2 Distanzstücke (doppelte Sperrholzstärke) in den Schultern. Die Figur turnt um die Rundstange, die fest (im letzten Arbeitsgang anleimen!) von den Händen gehalten wird.

Die Löcher unterschiedlich bohren: Paßgenau sollten sie nur in den Händen und den Endstücken sein; ansonsten ist ein gewisser Spielraum notwendig. Die Achsen in Schulter- und Hüfthöhe können auch aus einem festen Draht bestehen, mit einer Holzperle als Distanz- und jeweils einer Schlinge als Endstück.

JOE

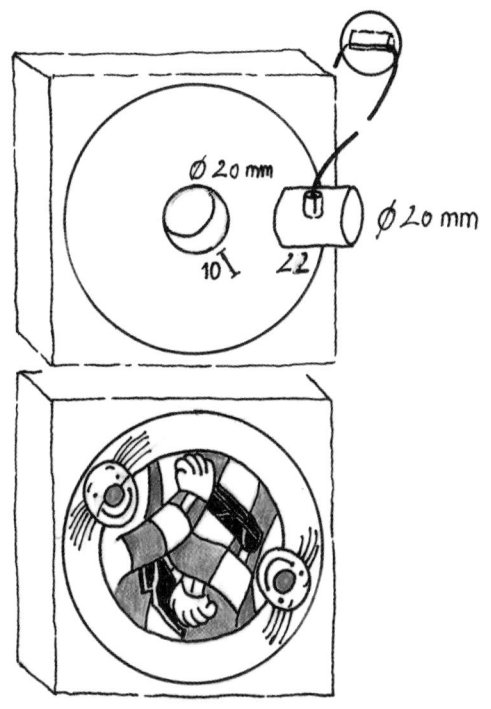

Das Jo-Jo aus Sperrholz sieht zwar einfach aus, hat es aber in sich: Die Kreisscheiben sollten wirklich kreisrund und gleich schwer sein. Der Rundstab muß absolut mittig sitzen, vor allem in einem senkrechten Bohrloch; dabei darf der Abstand zwischen beiden Hälften nur schnurdick (2 bis 3 mm) sein. Schließlich muß die Schnur stabil und elastisch genug sein, um die Spielerei locker verkraften zu können. Wer es genau nimmt, sollte die Schnur in der Mitte der Achse befestigen: kleines Bohrloch, Schnur, Mini-Dübel, Leim. Man kann sie aber auch samt Achse in einer der Scheiben festleimen. Dann (mit Hilfe von Distanzstücken) die zweite Kreisscheibe einsetzen. Funktion prüfen, bemalen.

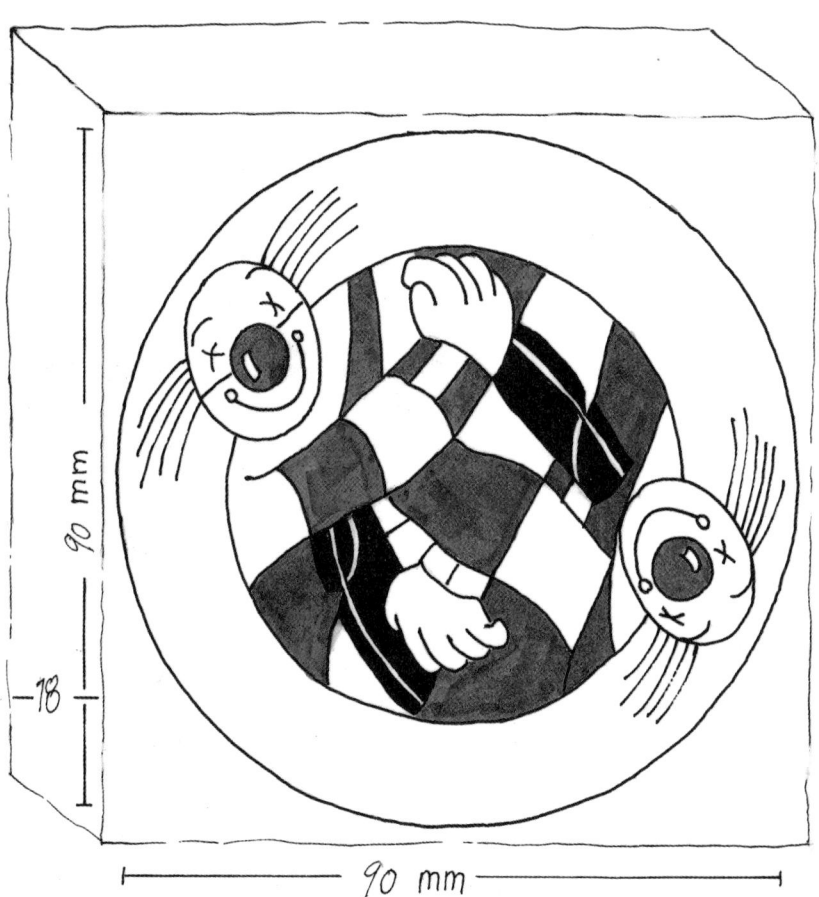

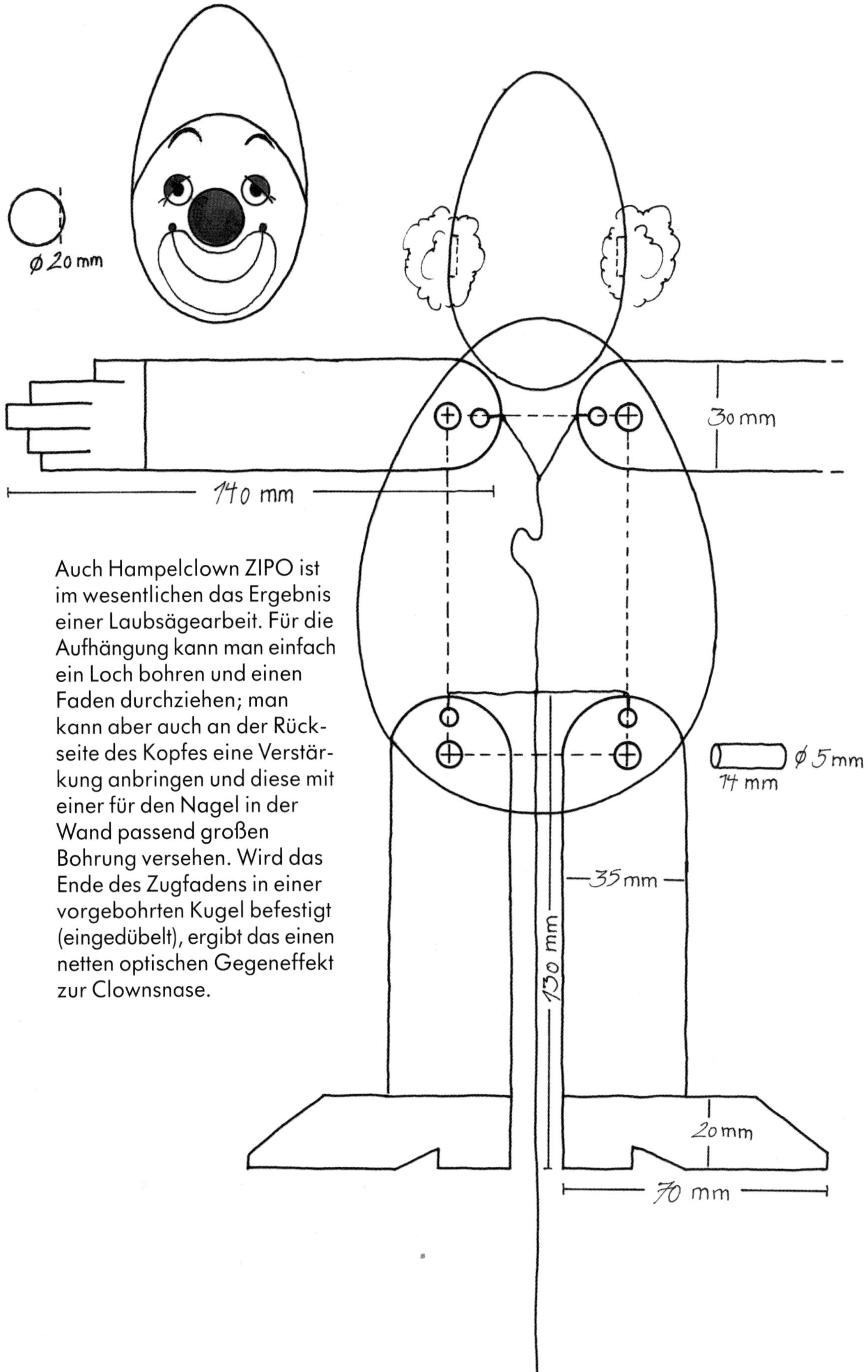

Ø 20 mm

30 mm

— 140 mm —

Auch Hampelclown ZIPO ist im wesentlichen das Ergebnis einer Laubsägearbeit. Für die Aufhängung kann man einfach ein Loch bohren und einen Faden durchziehen; man kann aber auch an der Rückseite des Kopfes eine Verstärkung anbringen und diese mit einer für den Nagel in der Wand passend großen Bohrung versehen. Wird das Ende des Zugfadens in einer vorgebohrten Kugel befestigt (eingedübelt), ergibt das einen netten optischen Gegeneffekt zur Clownsnase.

Ø 5 mm
14 mm

— 35 mm —

130 mm

20 mm

— 70 mm —

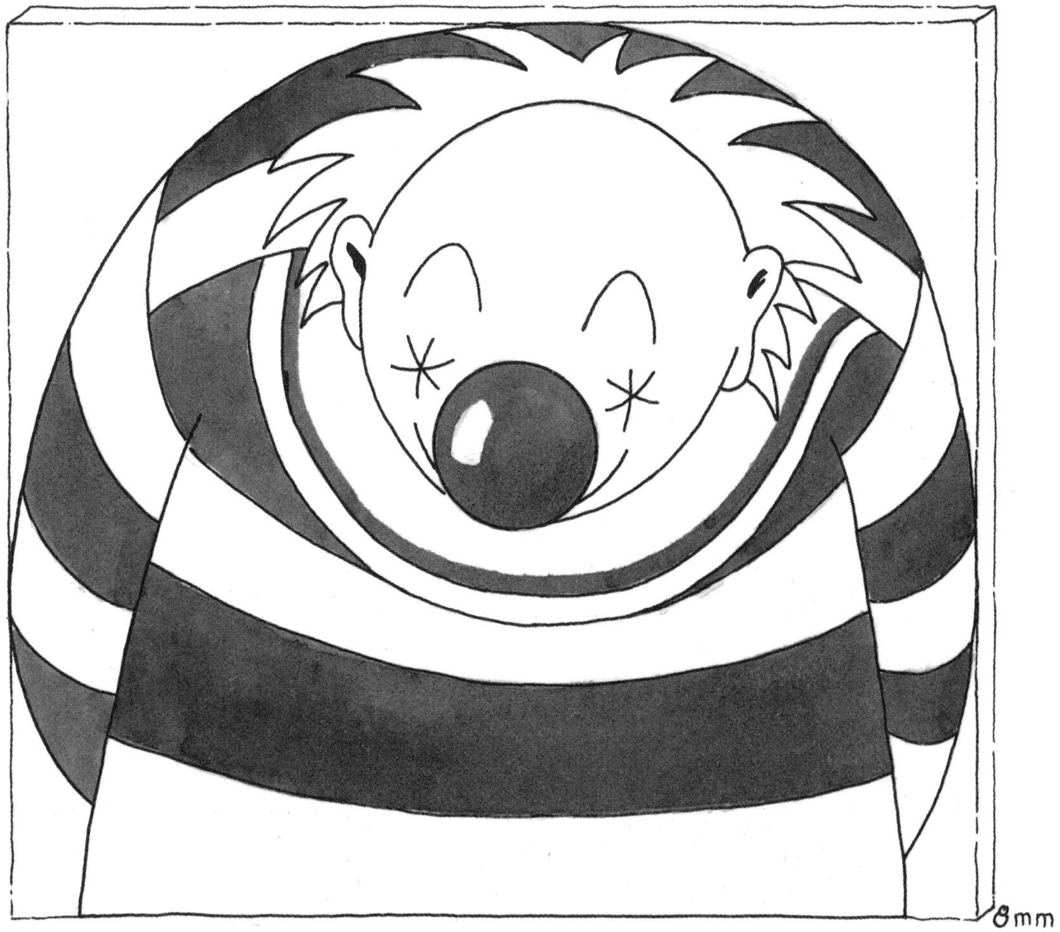

8 mm

Von Kopf bis Fuß 141 cm lang ist die dekorative Meßlatte fürs Kinderzimmer. Die drei Platten werden nach dem Aussägen, Grundieren und Bemalen auf der Rückseite mit Hilfe von Leisten verbunden. Da die Gestaltung des Kopfteils etwas schwieriger ist, haben wir diesen Teil hier noch einmal vergrößert dargestellt. Nach dem Hochkopieren kann man die einzelnen Umrisse von außen nach innen nacheinander ausschneiden, auf die Platte auflegen und nachzeichnen.

360 mm

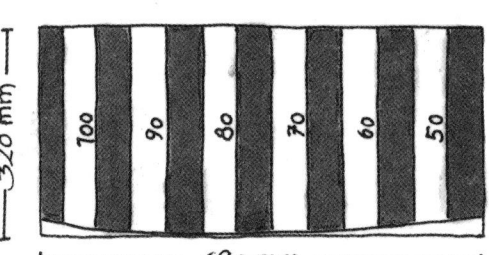

320 mm

690 mm

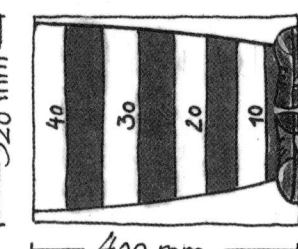

320 mm

400 mm

Die clownigen Initialen
können als originelle Tisch-
dekoration oder als Ge-
schenkanhänger dienen.
Natürlich lassen sie sich auch
zu ganzen Wörtern und
Namen zusammensetzen.
Wegen der relativ komplizier-
ten Binnenform sollte die
hochwertige Sperrholzplatte
(Birke, 5 mm) schon vor dem
Aussägen weiß grundiert

werden. Dann nachschleifen,
durchpausen, aussägen. Die
vorgegebenen Formen mit
Decorlack oder Buntstiften
ausmalen. Buntstiftbemalung
auf jeden Fall mit einem Klar-
lacküberzug schützen.

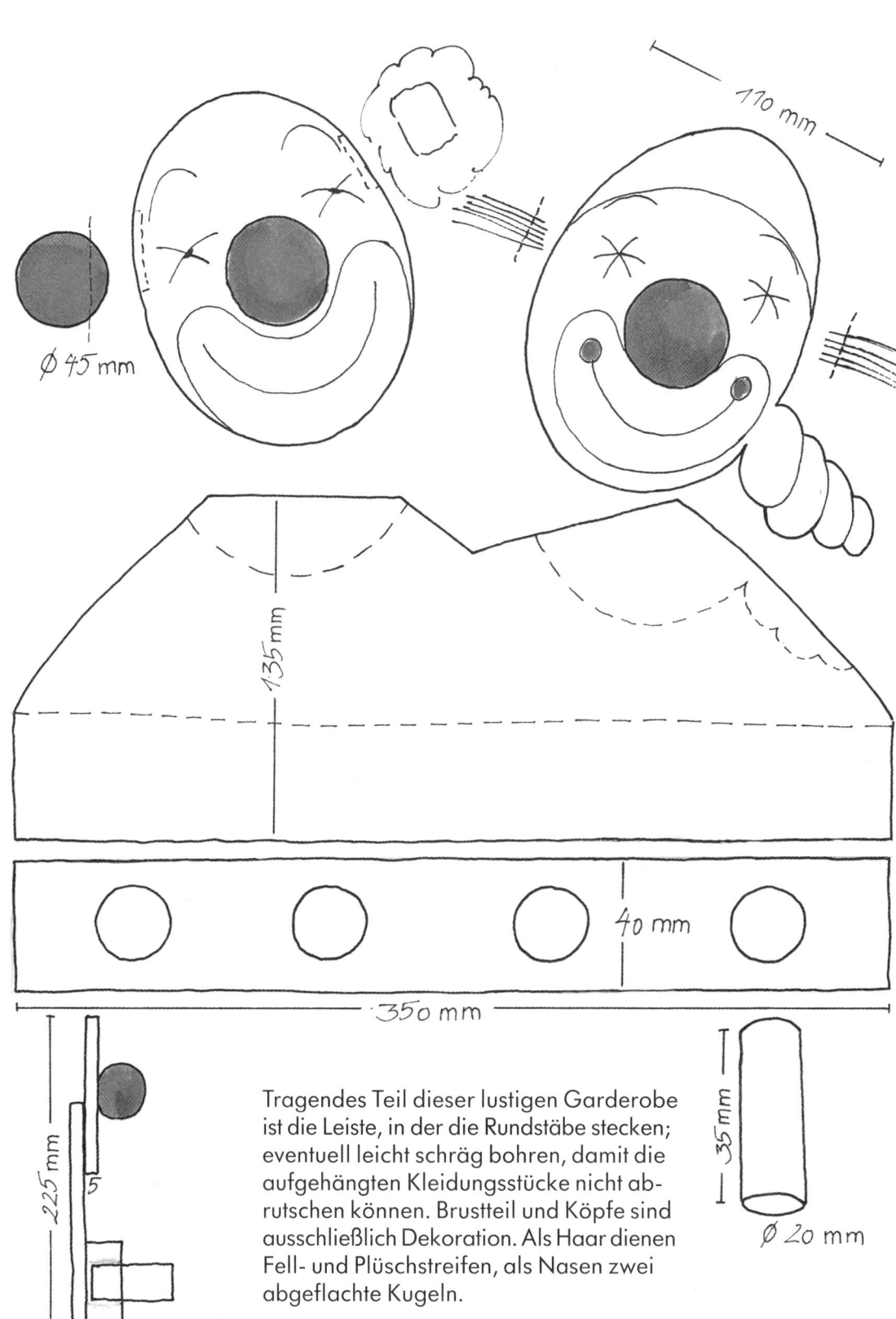

GERO und ROBi

∅ 45 mm

110 mm

135 mm

40 mm

350 mm

225 mm

5

5 20

35 mm

∅ 20 mm

Tragendes Teil dieser lustigen Garderobe ist die Leiste, in der die Rundstäbe stecken; eventuell leicht schräg bohren, damit die aufgehängten Kleidungsstücke nicht ab- rutschen können. Brustteil und Köpfe sind ausschließlich Dekoration. Als Haar dienen Fell- und Plüschstreifen, als Nasen zwei abgeflachte Kugeln.

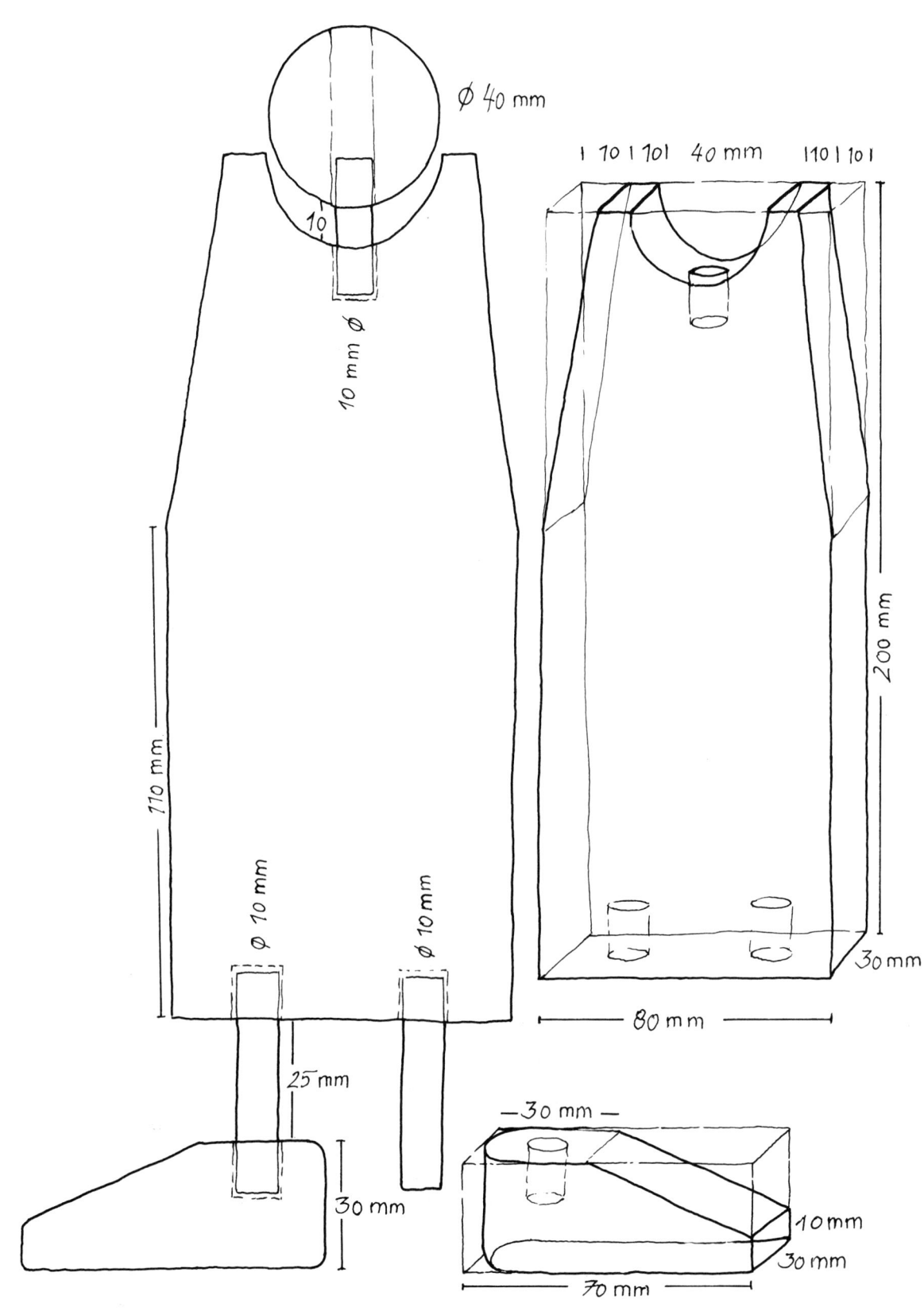

∅ 40 mm

10

10 mm ∅

| 10 | 10 | 40 mm | 10 | 10 |

110 mm

∅ 10 mm

∅ 10 mm

25 mm

30 mm

200 mm

30 mm

80 mm

30 mm

10 mm

30 mm

70 mm

ø 40 mm

ø 10 mm

9 mm ø
10 mm ø

ø 10 mm

Als Kopf eine (teils abgeflachte) Kugel, die Nase aus
einem Stück Rundstab, der
Hals ebenso, dazu der Körper
aus Massivholz, zwei Beine
und ein Paar solider Schuhe –
Clown SIMPEL ist schon fast
fertig. Hinzu kommen noch
ein Rest Plüsch oder Fell als
Haar, ein Paar Plastikaugen,
ein bißchen Farbe und ein
sehr schlicht geschnittenes
Gewand.
Alles ist nur locker miteinander
verbunden, denn Schuhe,
Beine und Kopf sollen beweglich bleiben. Die Löcher möglichst exakt in die Quader
bohren. Erst dann die Rundung
am Hals herausarbeiten. Den

Rundstab an den Gelenkstellen
rundum leicht abschmirgeln.
Statt des Kugel- können Sie
auch einen Eierkopf oder
einen Quadratschädel wählen.
Ob daraus ein Charakterkopf
wird, hängt von der weiteren
Gestaltung dieser Grundform
ab; Ihrer Fantasie sind dabei
keine Grenzen gesetzt.

Damit Kugeln beim Durch-
bohren nicht wegrollen,
verwendet man am besten als
Unterlage einen Holzklotz,
der mit einer Bohrung versehen
wurde; deren Durchmesser
sollte etwa $9/10$ des Kugel-
durchmessers betragen.

Die angegebenen Maße enthalten 5 mm für die Nahtzugabe.

Ärmelstoff rechts auf rechts legen, an den Schultern zusammennähen, unten säumen, dann wenden. Ärmel zwischen Vorder- und Rückenteil schieben, einnähen.

Stoffbruch

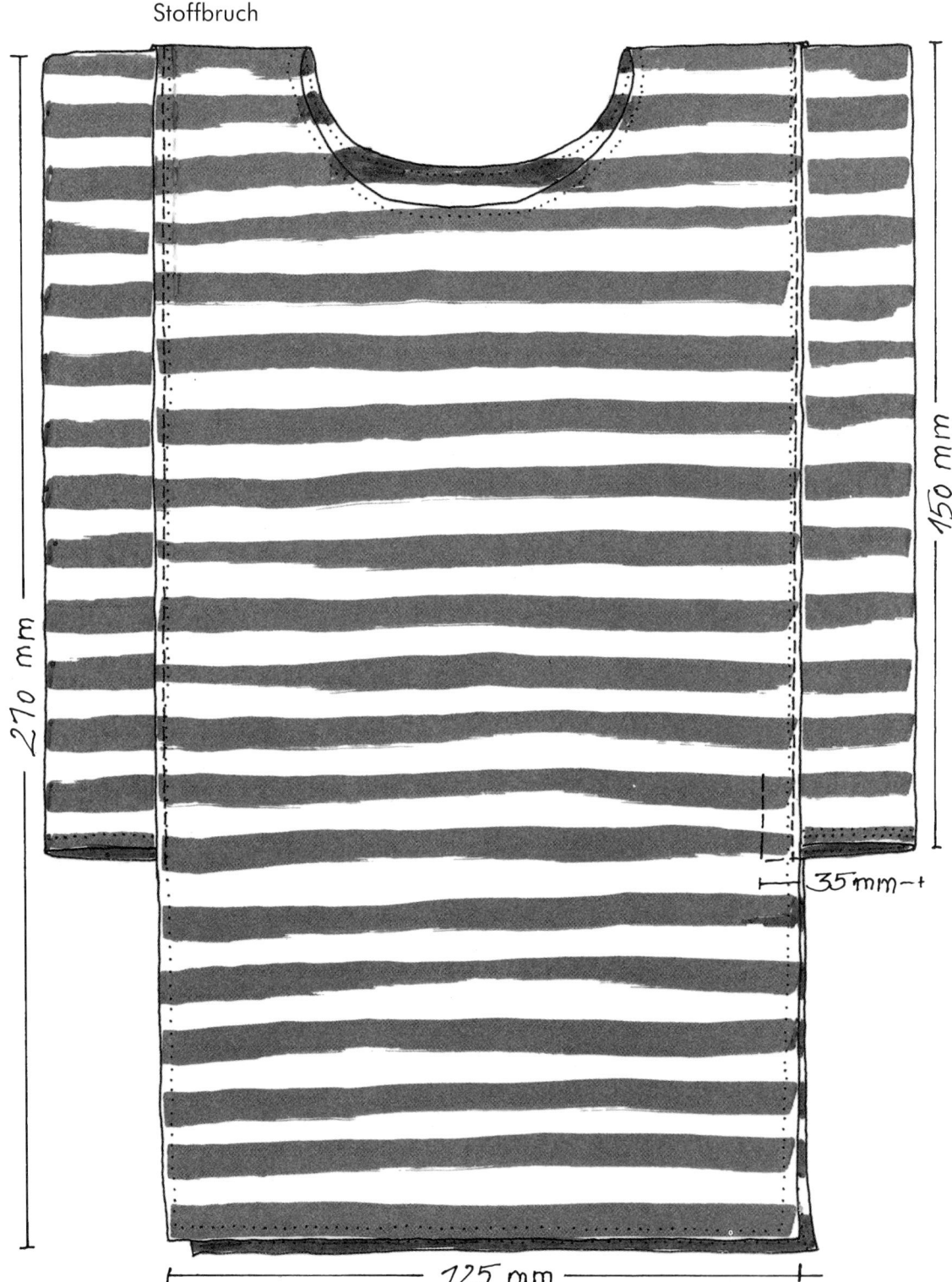

210 mm

150 mm

35 mm

125 mm

MINI

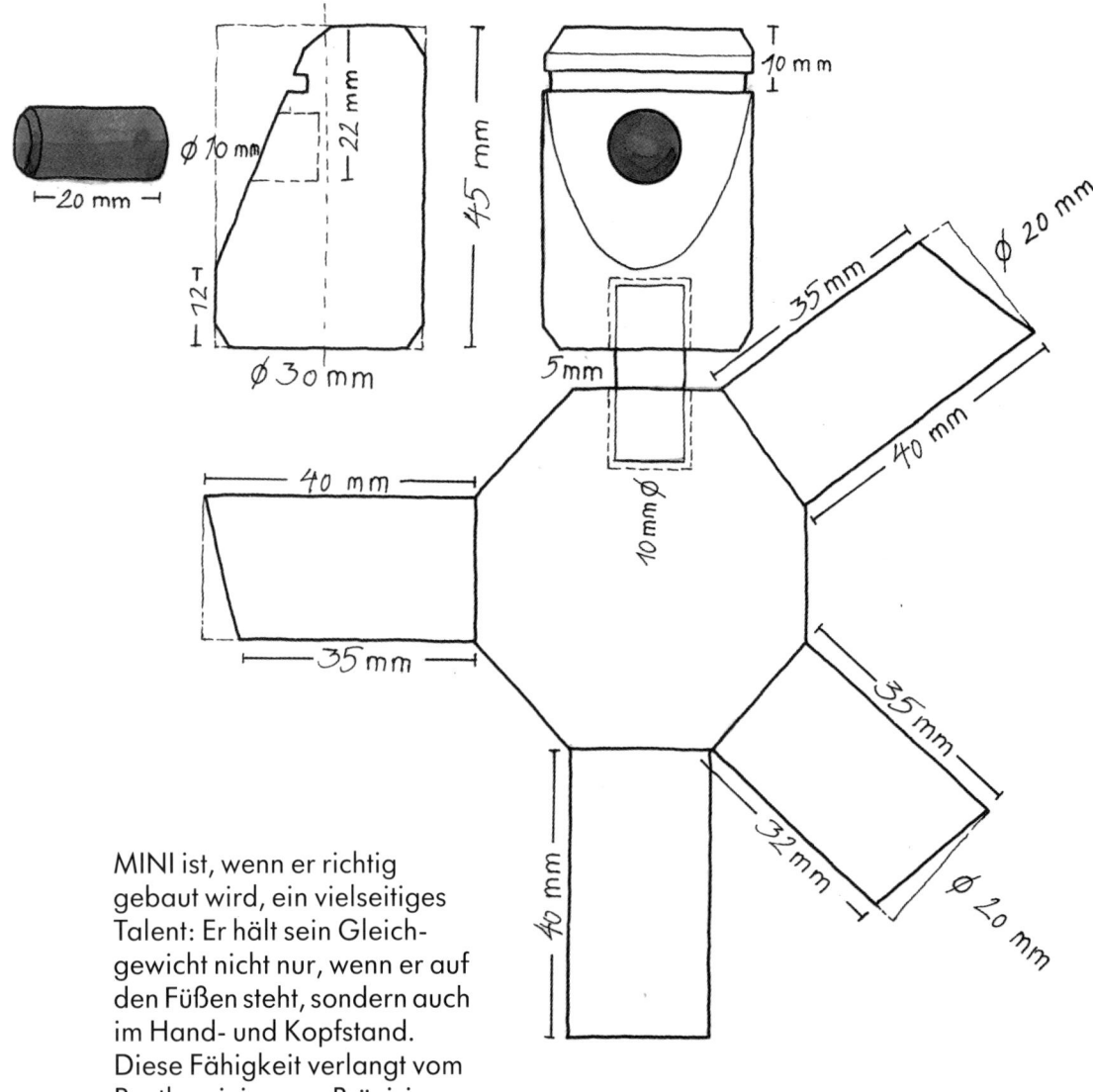

Ø 10 mm
20 mm
22 mm
45 mm
12
Ø 30 mm
10 mm
5 mm
35 mm
Ø 20 mm
40 mm
10 mm Ø
40 mm
35 mm
35 mm
32 mm
Ø 20 mm
40 mm

MINI ist, wenn er richtig gebaut wird, ein vielseitiges Talent: Er hält sein Gleichgewicht nicht nur, wenn er auf den Füßen steht, sondern auch im Hand- und Kopfstand. Diese Fähigkeit verlangt vom Bastler einiges an Präzision und Fingerspitzengefühl. Ohne genaue Rekonstruktion des Körpers, exaktes Bohren, plane Auflagen des Kopfes, der Arme und Beine kommt es nie zu diesem Balanceakt. Bis nach der Einkleidung sollten auch hier alle Teile nur gesteckt und noch nicht festgeleimt werden.

Wer sich in der Clowns-Szene auskennt, sieht auf den ersten Blick, daß MINI der enge Verwandte einer Figur ist, die von der „Werkstatt" produziert wird. Designer: K. H. Thiele, Nürnberg.

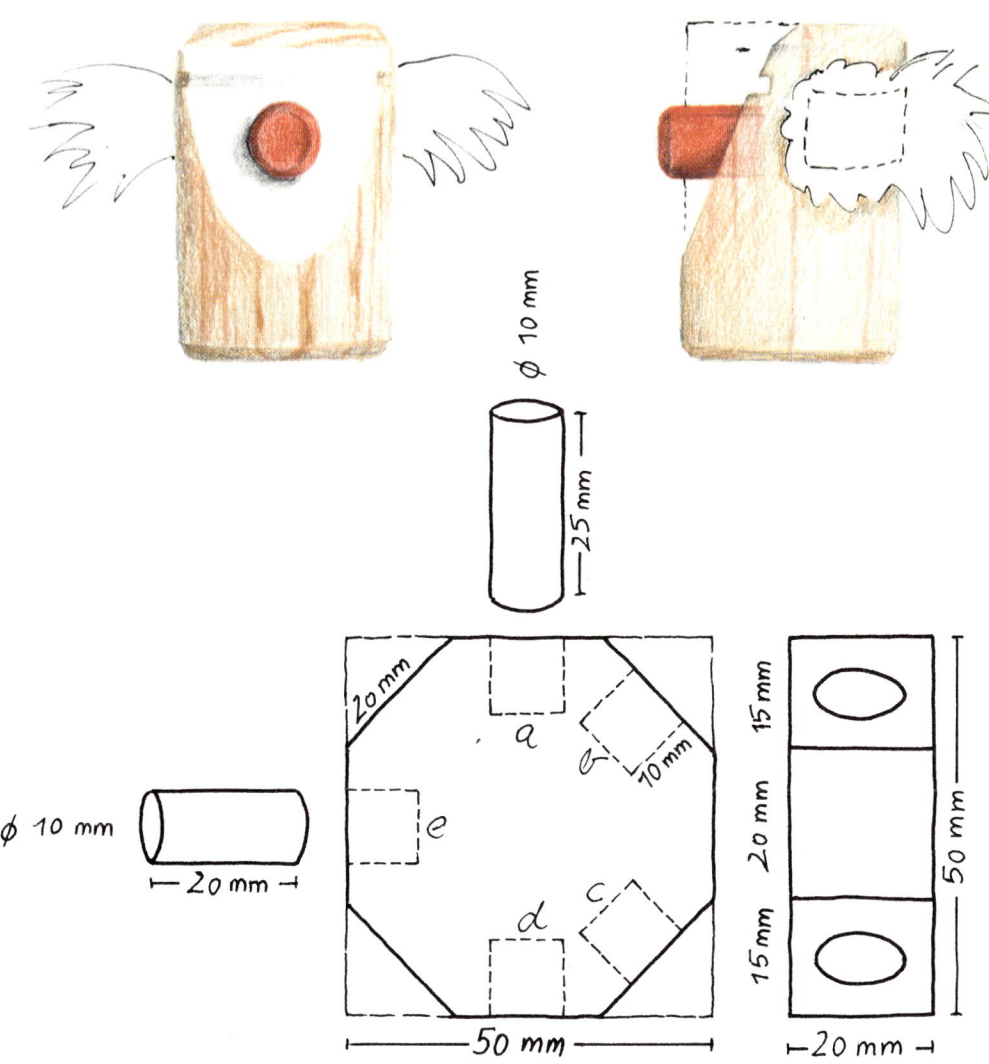

Alles hängt am Körper. Die senkrechten Bohrungen sollten mit größtmöglicher Auflage, also bevor die Ecken wegfallen, vorgenommen werden: a, d, e. Die Präzision von b und c hängt von der Güte des Schnitts der gegenüberliegenden Seiten ab. Aus den Abmessungen ist ersichtlich, daß Rundholz und Körper eine Fläche bilden sollen. Und nur wenn der Kopf beweglich bleibt, ist auch der Kopfstand möglich.

Der schmale Schlitz über der Nase signalisiert die Augenpartie. Dieser Sägeschnitt in Verbindung mit der geschrägten Gesichtspartie ist zwar einfach, aber wirkungsvoll.

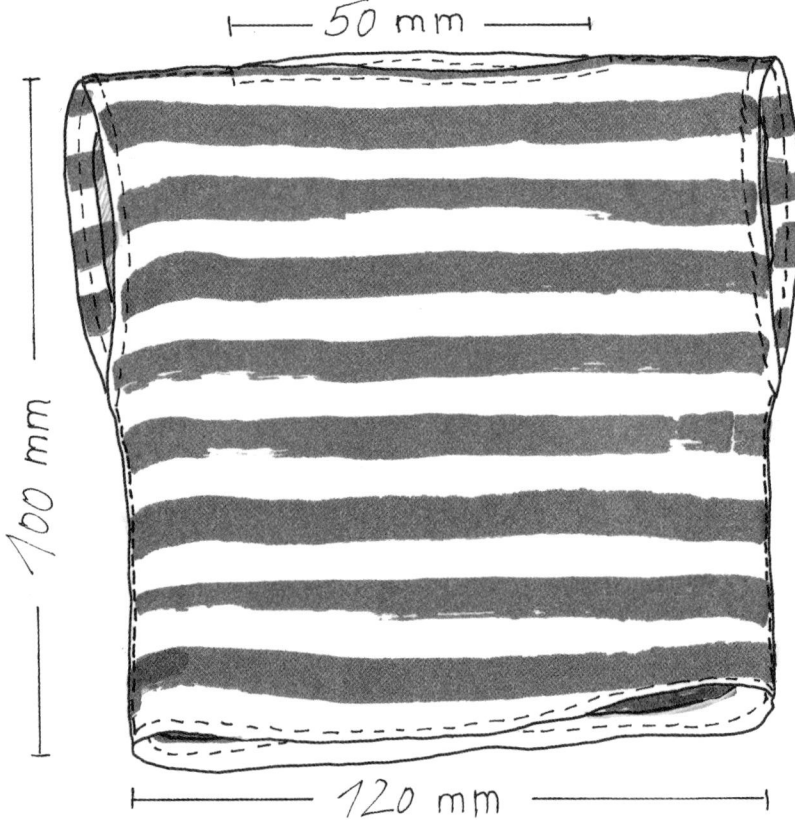

├── 50 mm ──┤

100 mm

├─── 120 mm ───┤

Zeichnung in Originalgröße.

Zwei rechteckige Teile (12 x 10 cm) zuschneiden und rechts auf rechts aufeinanderlegen. Schulternähte unter Aussparung des Halsausschnitts schließen. Halsausschnitt sehr knapp absteppen. Die seitlichen Kanten knapp säumen. Den Stoff wieder rechts auf rechts legen, die Seitennähte schließen; für die Armlöcher jeweils 4,5 cm offenlassen. Zum Schluß die untere Kante säumen.

MAXi

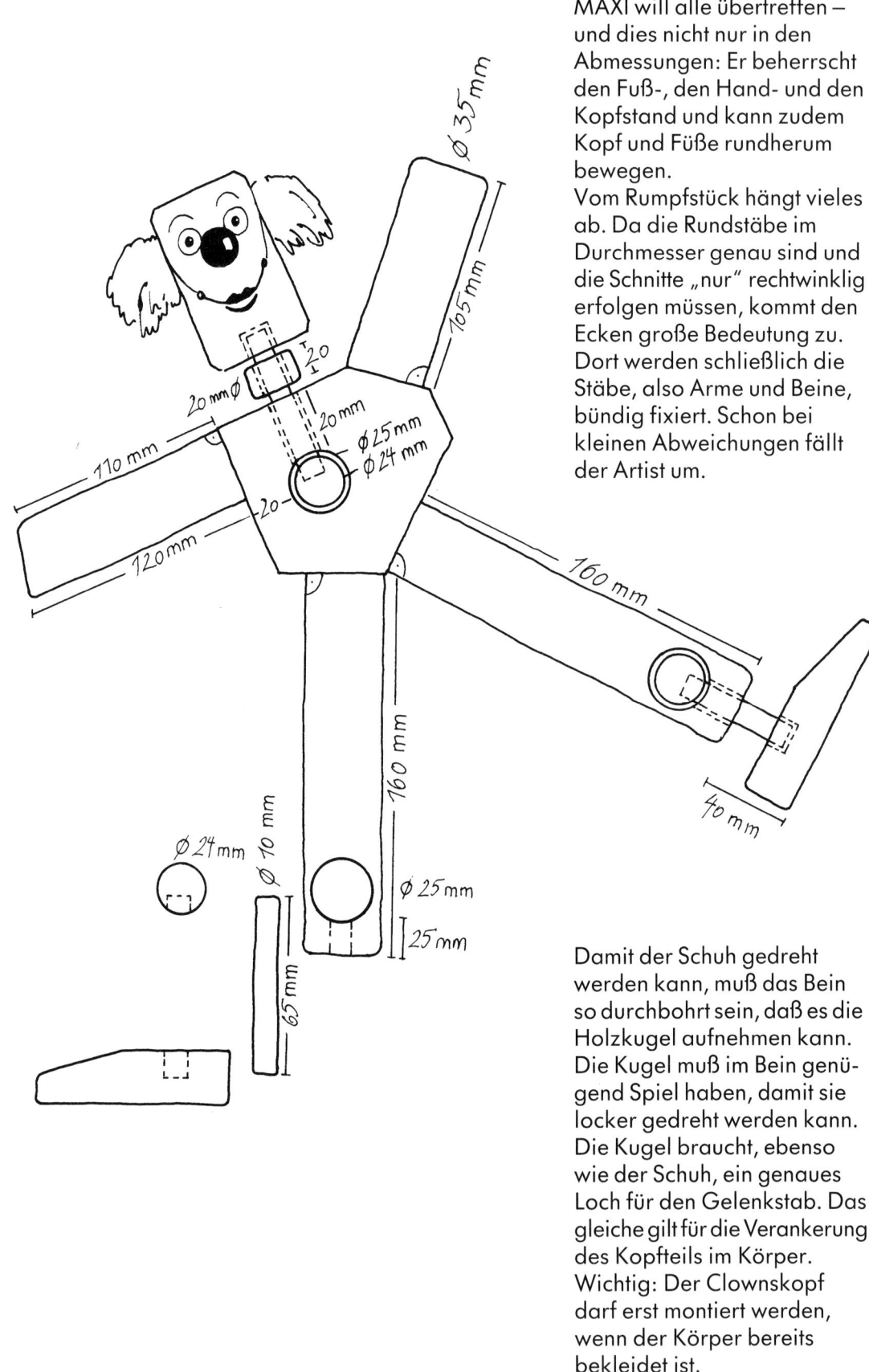

MAXI will alle übertreffen – und dies nicht nur in den Abmessungen: Er beherrscht den Fuß-, den Hand- und den Kopfstand und kann zudem Kopf und Füße rundherum bewegen.

Vom Rumpfstück hängt vieles ab. Da die Rundstäbe im Durchmesser genau sind und die Schnitte „nur" rechtwinklig erfolgen müssen, kommt den Ecken große Bedeutung zu. Dort werden schließlich die Stäbe, also Arme und Beine, bündig fixiert. Schon bei kleinen Abweichungen fällt der Artist um.

Damit der Schuh gedreht werden kann, muß das Bein so durchbohrt sein, daß es die Holzkugel aufnehmen kann. Die Kugel muß im Bein genügend Spiel haben, damit sie locker gedreht werden kann. Die Kugel braucht, ebenso wie der Schuh, ein genaues Loch für den Gelenkstab. Das gleiche gilt für die Verankerung des Kopfteils im Körper. Wichtig: Der Clownskopf darf erst montiert werden, wenn der Körper bereits bekleidet ist.

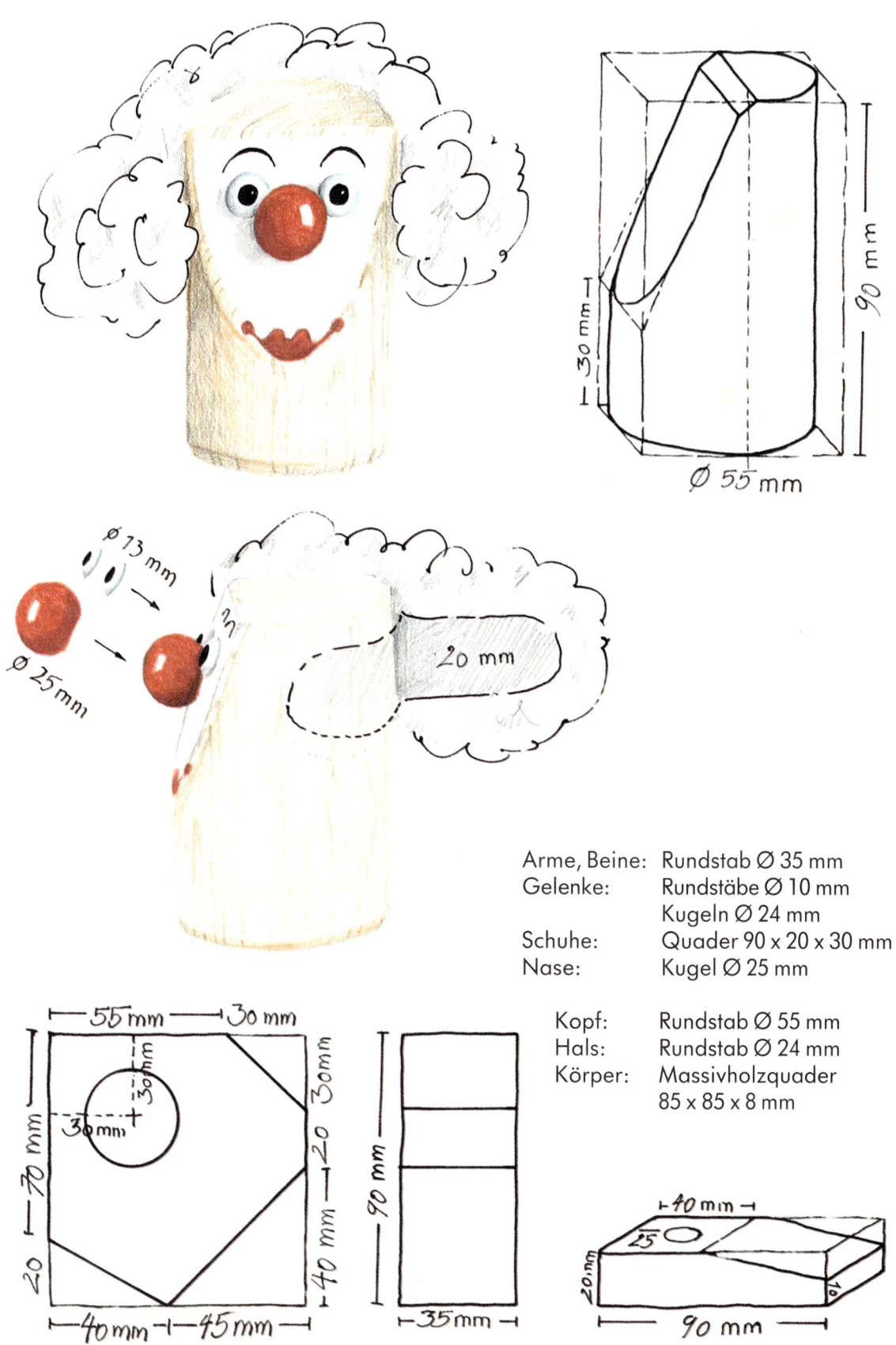

Ø 13 mm

Ø 25 mm

90 mm

Ø 55 mm

30 mm

20 mm

Arme, Beine:	Rundstab Ø 35 mm	
Gelenke:	Rundstäbe Ø 10 mm	
	Kugeln Ø 24 mm	
Schuhe:	Quader 90 x 20 x 30 mm	
Nase:	Kugel Ø 25 mm	
Kopf:	Rundstab Ø 55 mm	
Hals:	Rundstab Ø 24 mm	
Körper:	Massivholzquader	
	85 x 85 x 8 mm	

55 mm   30 mm

70 mm

20

40 mm   45 mm

30 mm

30 mm

30 mm

20

40 mm

90 mm

35 mm

40 mm

25

20 mm

90 mm

10

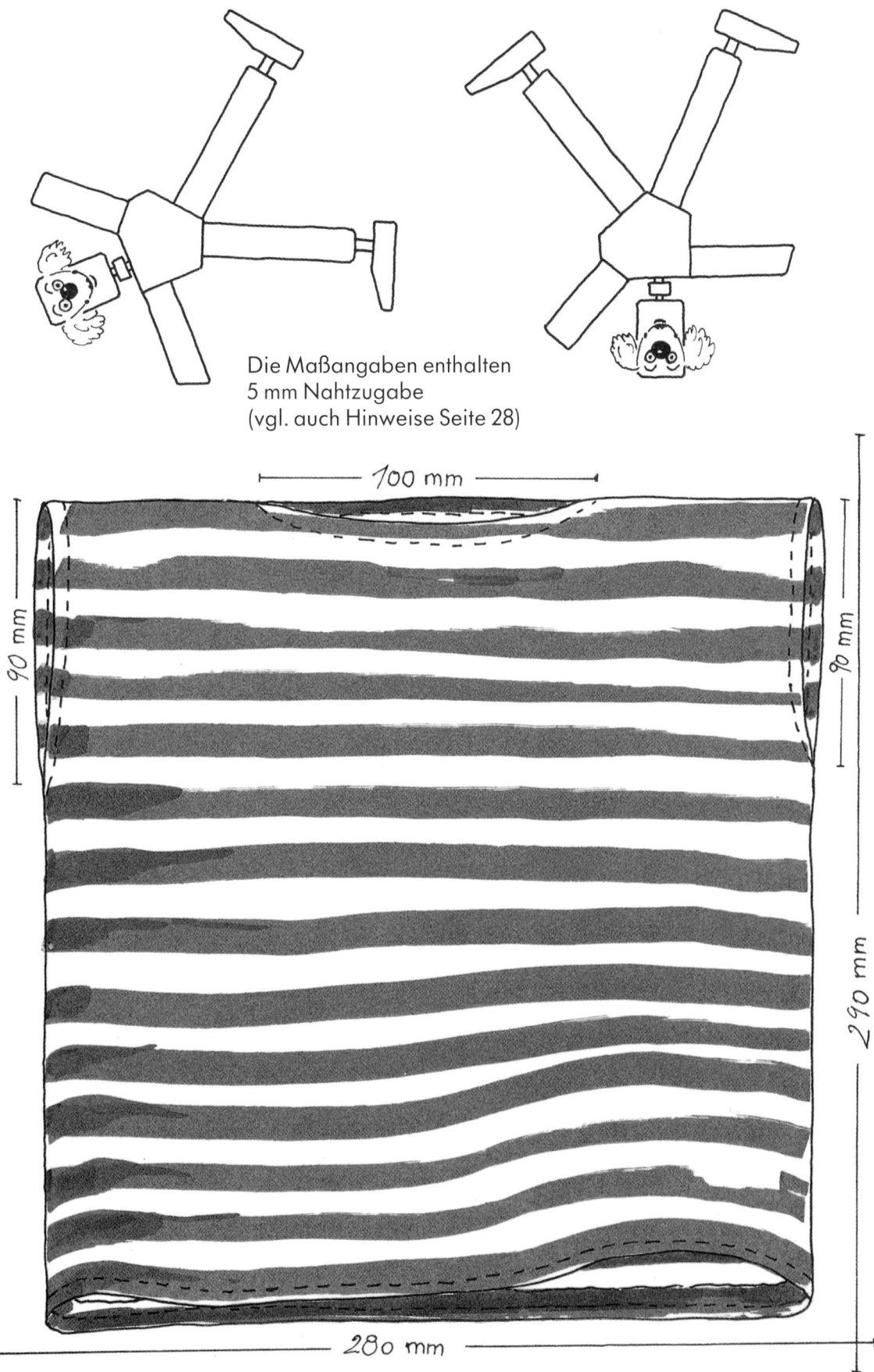

Die Maßangaben enthalten
5 mm Nahtzugabe
(vgl. auch Hinweise Seite 28)

100 mm

90 mm

90 mm

290 mm

280 mm

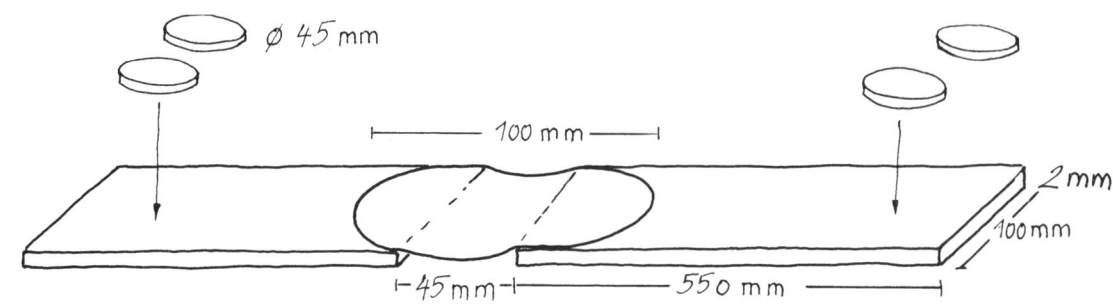

Ø 45 mm

100 mm

2 mm

100 mm

45 mm

550 mm

AERO gehört zur Klasse der Schwingflügler. Sein Körper ist ziemlich einfach. Beachtung verdient einerseits die Verbindung zwischen dem Körper und dem Flügelpaar, andererseits die Herstellung des Gleichgewichts mittels Gewichten (z.B. Eisenplättchen)

an den Flügelenden. Als Verbindungsstück dient ein kreisrunder Latz (Ø 10 cm) aus einem reißfesten Gewebe. Er muß exakt so auf die parallel liegenden Flügelenden aufgeklebt werden, daß später der Körper (4 cm) eingepaßt werden kann und rechts und links etwa 2 mm Spielraum bleiben.

Die Körperhälften (Kopfteil und Unterkörper) so weit vorbereiten, daß sie abschließend verschraubt werden können. Die Flügel hängen an einem umlaufenden Faden. Dazu sind insgesamt 4 Bohrlöcher notwendig. Um ganz sicherzugehen, daß nachher alles schwingt, sind Ausweichlöcher 5 mm rechts und links von der Norm ganz praktisch.

Ø 10 mm

Hinweise zum Kopf vgl. Seite 23

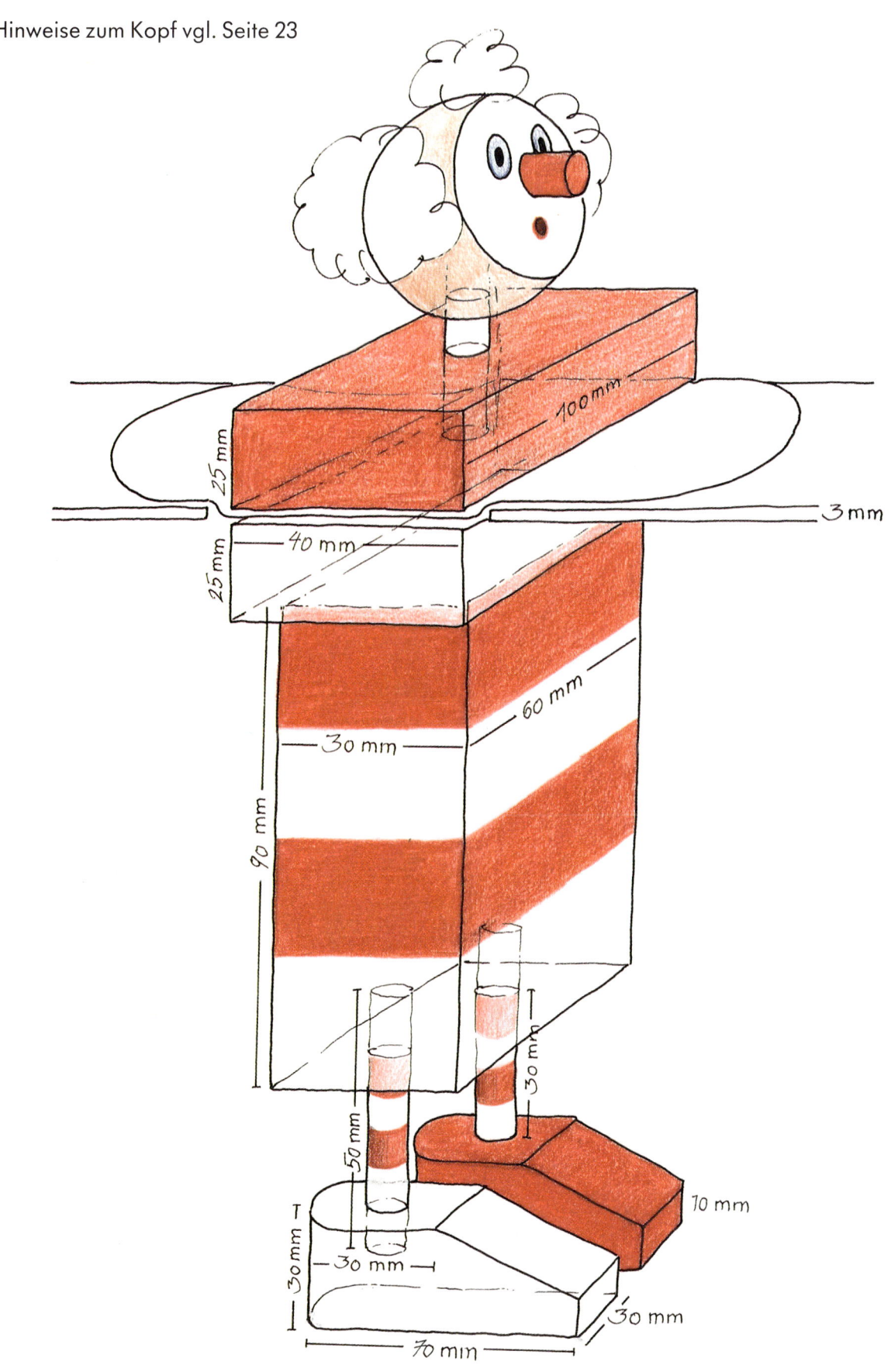

100 mm

25 mm

3 mm

25 mm

40 mm

60 mm

30 mm

90 mm

30 mm

50 mm

70 mm

30 mm

30 mm

70 mm

30 mm

T

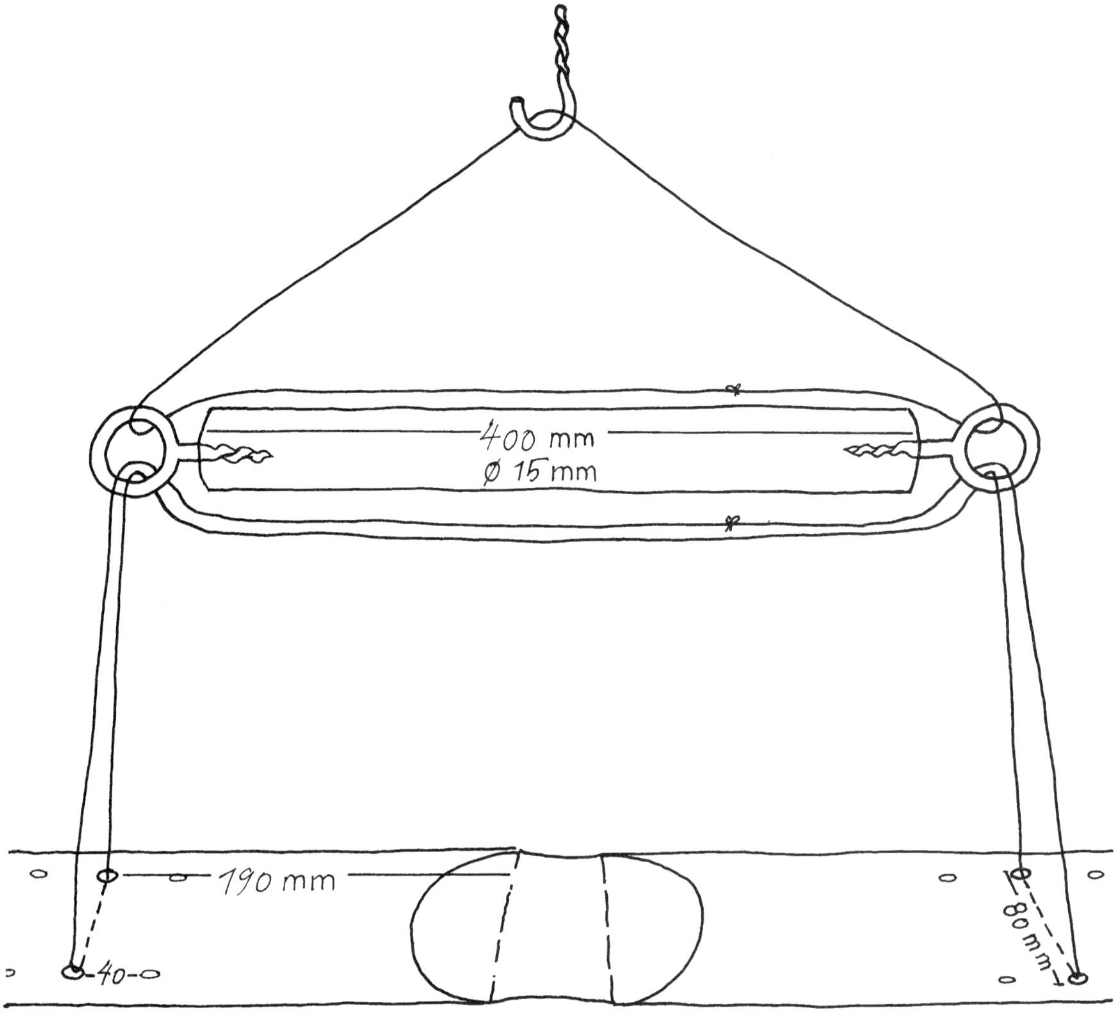

400 mm
Ø 15 mm

190 mm

80 mm

40

Nach der probeweisen Montage noch im Rohzustand hängt man AERO zwischen einen Rundstab, an dessen Enden Ringschrauben angebracht sind. Durch Hin- und Herschieben der Gewichte hin zu den „Idealpunkten" erreicht der Clown den gewünschten Schwebezustand. Markieren Sie die Lagepunkte der Gewichte so, daß sie auch nach dem Bemalen noch auffindbar sind. Die Gewichte müssen nicht aus Eisen sein, kreisrunde oder sternförmige Massivholzstücke erfüllen den gleichen Zweck.

FiCHTEL

Mit dieser Mischung aus Wichtel und Fichte, also dem FICHTEL, verlassen wir die Clowns. Die Figur sollte in möglichst vielen Teilen beweglich sein, so daß im mittleren Bereich alle „Zweige" um den Stab im Zentrum gedreht werden können. Daraus ergibt sich eine Art Steckspiel, wenn die Teile in der richtigen Reihenfolge aufgereiht werden sollen. Wenn man in die abgesägten Endstücke der Leisten entsprechende Vertiefungen bohrt, erhält man die Kerzenhalterungen für einen immergrünen Weihnachtsbaum.

Natürlich sind auch andere Baumformen denkbar:

Wipfel: Holzkugel Ø 25 mm
            mit Bohrung Ø 10 mm
            Rundstab Ø 10 mm
            Leistenabschnitte
Mittelachse: Rundstab Ø 35 mm,
            265 mm lang

Kopf: Plastikaugen
            (mit Sekundenkleber fixieren)
            Knollennase (abgeflachte Kugel)
            Mund (Bohrung Ø 10 mm, 2 mm tief)
Körper: Leisten unterschiedlicher Art
Beine: Rundstab Ø 30 mm
            Rundstab Ø 10 mm
Schuhe: Quader 90 x 20 x 35 mm

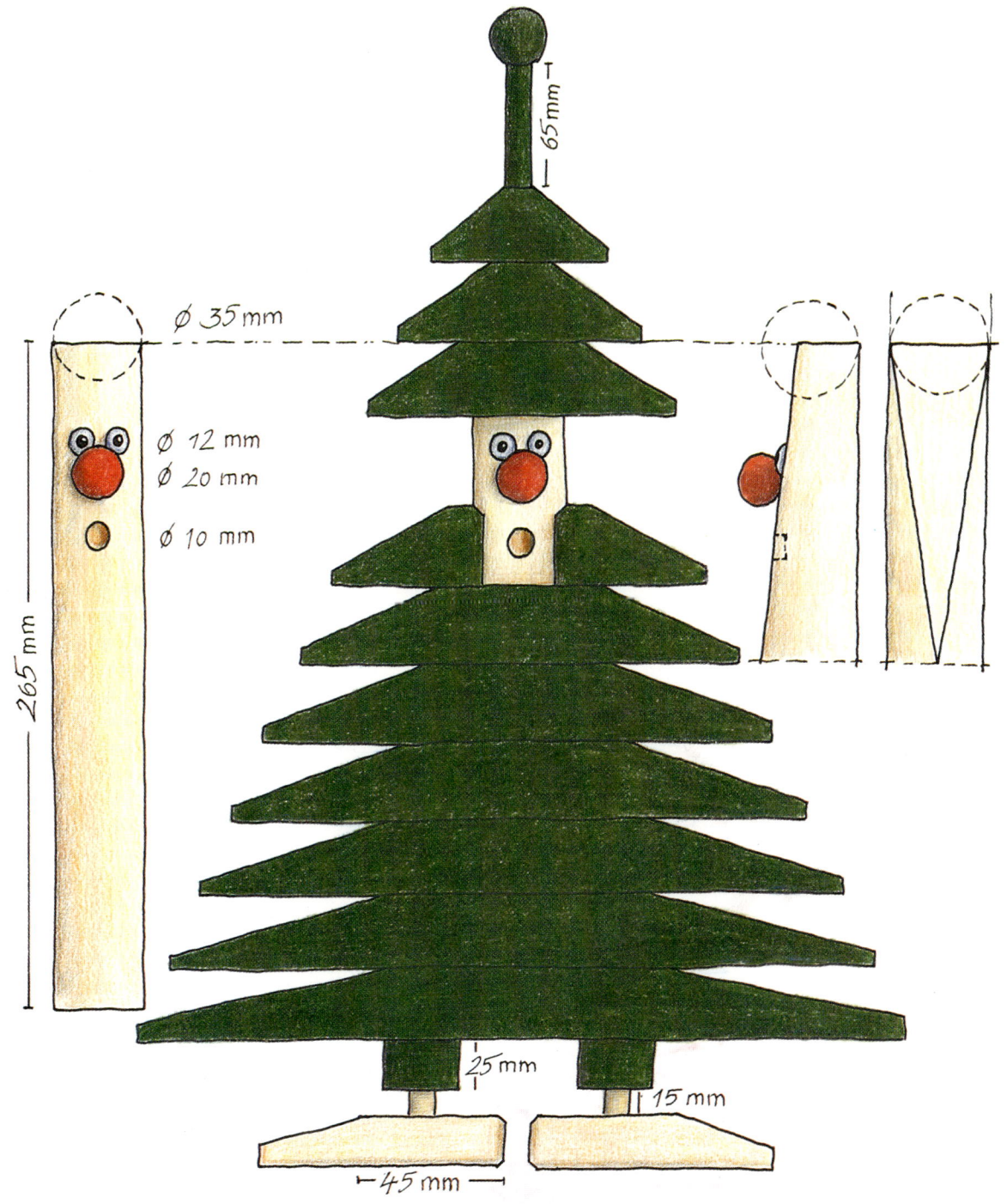

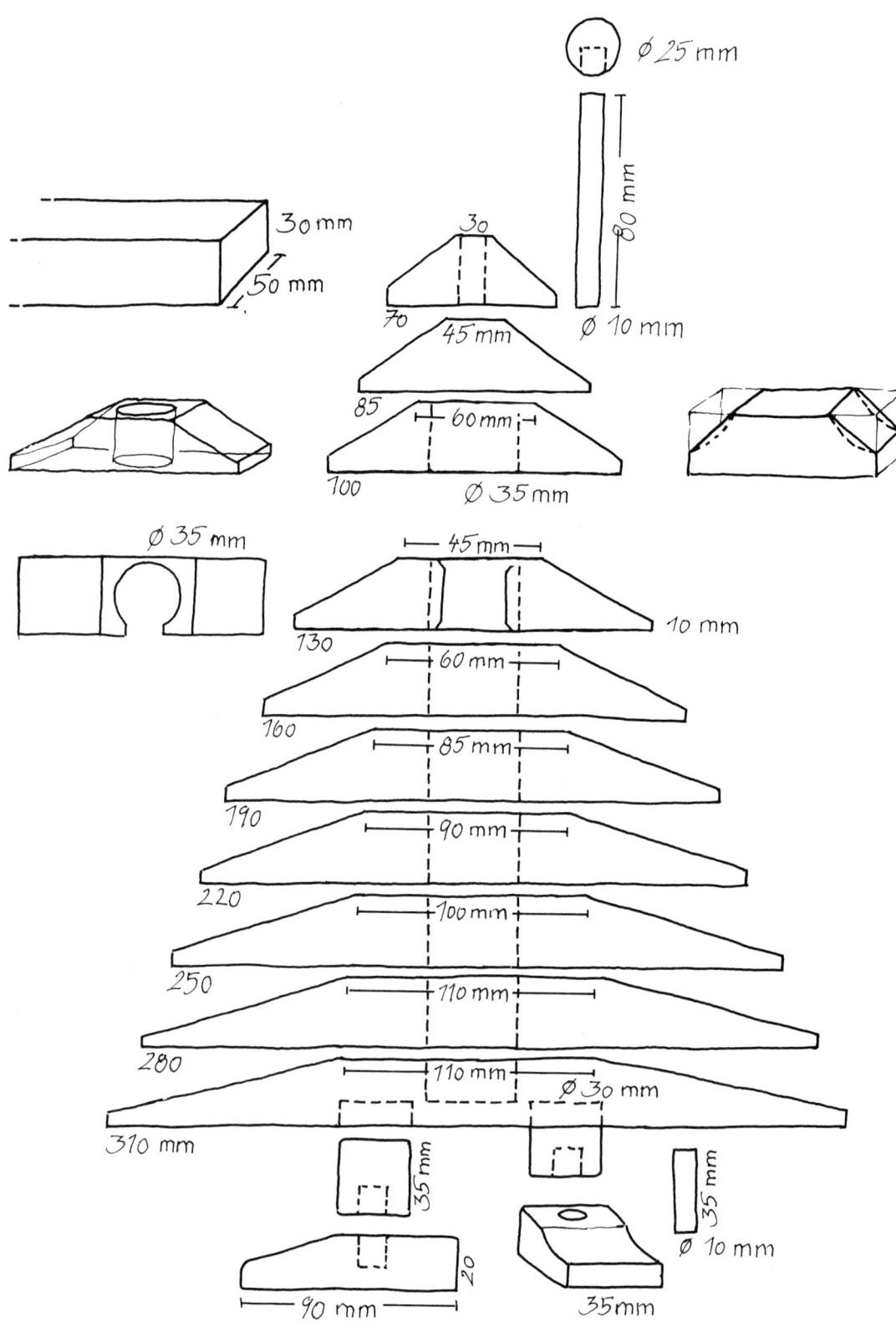

Ø 25 mm

30 mm

50 mm

80 mm

Ø 10 mm

30

70

45 mm

85

60 mm

100

Ø 35 mm

Ø 35 mm

45 mm

130

10 mm

60 mm

160

85 mm

190

90 mm

220

100 mm

250

110 mm

280

110 mm

Ø 30 mm

310 mm

35 mm

20

90 mm

35 mm

Ø 10 mm

35 mm

35mm

MiNi - NiKO

Dieser kleine Nikolaus ist mit wenig zufrieden. Das Material ist hauptsächlich ein Stück Massivholz, 40 mm stark. Dazu kommen noch ein Stückchen Hanfschnur, 2 Kugeln (evtl. halbseitig mit 10 mm vorgebohrt), Plastikaugen und ein größeres Stück Plüsch.

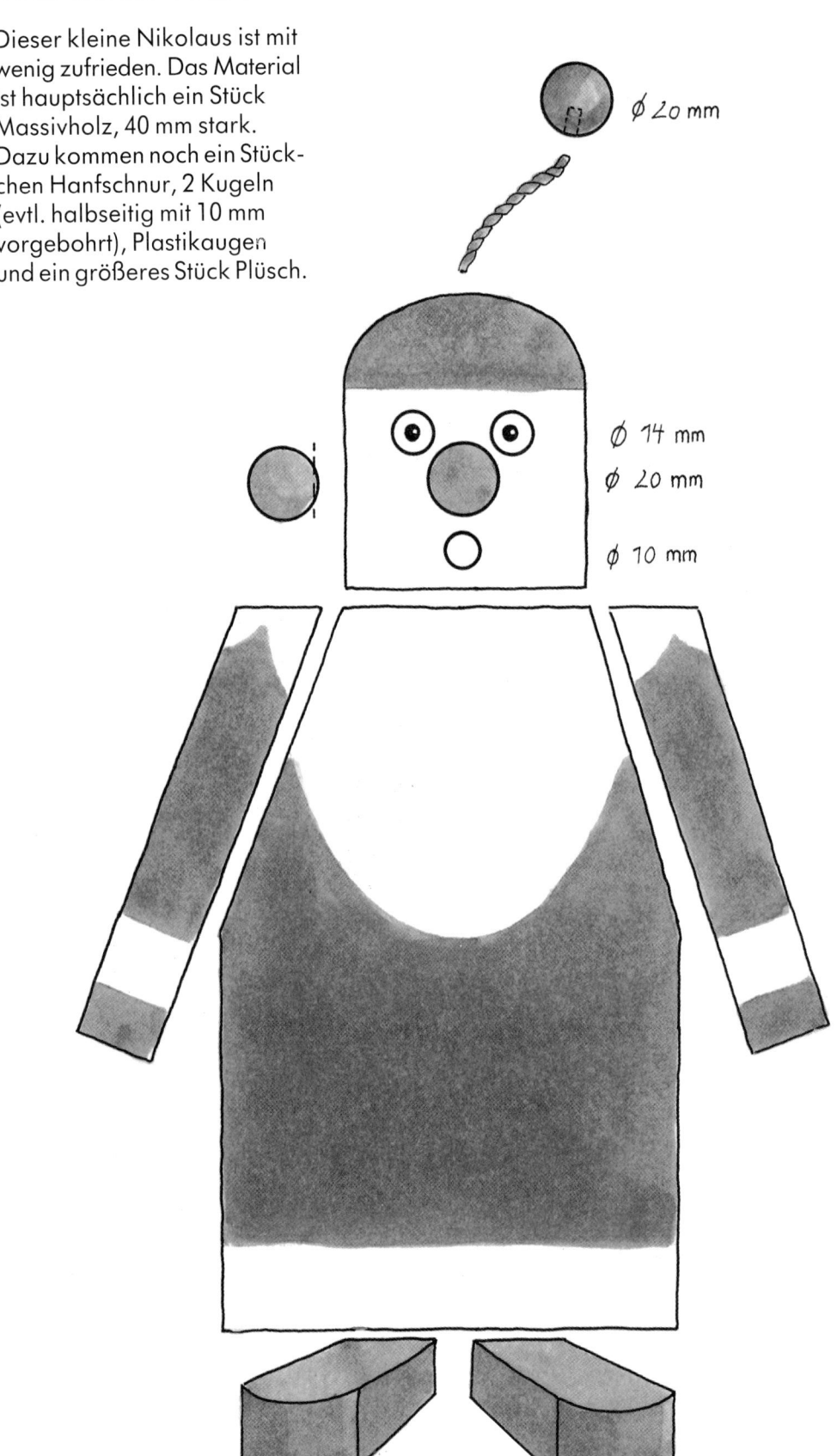

∅ 20 mm

∅ 14 mm
∅ 20 mm
∅ 10 mm

Zum Bemalen werden am besten alle Teile – mit Ausnahme der Details im Gesicht – zusammengebaut. Das Gesicht, also die Fläche, die nicht bemalt wird, abkleben. Nach dem ersten Anstrich nachschmirgeln, dann folgt ein zweiter Anstrich. Die Augen mit Sekundenkleber fixieren.

Für das Haarteil, den Bart und den Besatz an Mütze und Mantel braucht man unterschiedlich geformte Plüschstücke. Man schneidet sie am besten mit einem scharfen Cutter (nicht mit der Schere) zu, und zwar auf der Gewebeseite. Ein wallender Bart umrahmt das Gesicht und fällt bis auf die Brust, die Haare fallen bis über die Schultern. Mantelsaum, Ärmelenden und Mützenrand erhalten einen schmückenden Besatz.

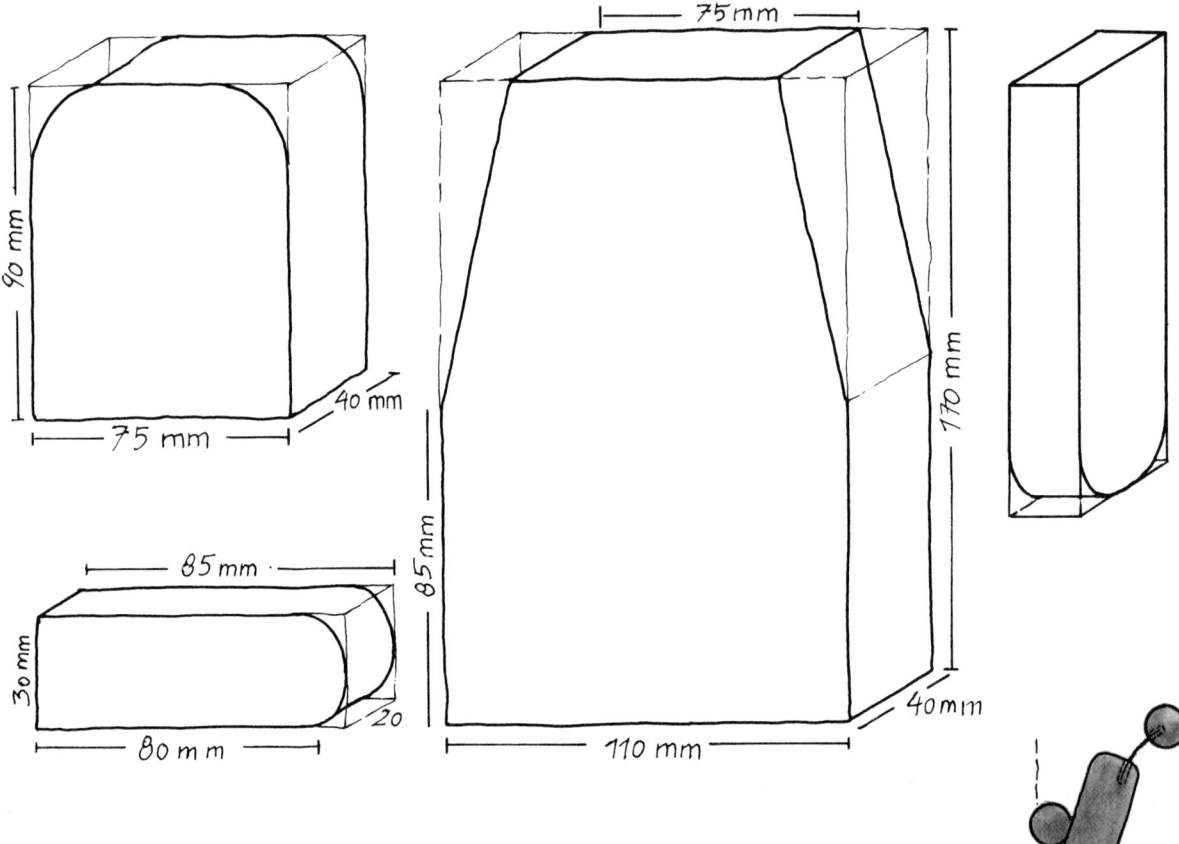

Um der Figur eine gewisse Dynamik zu verleihen, sind Kopf und Rumpf in leichten Schrägen gegeneinandergestellt. Die Verbindung dieser Teile muß nicht sehr aufwendig sein, da über dieser Stelle der Bart wuchert.

NiKO-MOBiLE

Eine typische Laubsägearbeit
(vgl. Hinweise auf Seite 19)

Bei der Entwicklung dieser
Nikos stand Fritz König,
Bremen, Pate.

Vielleicht versuchen Sie sich bei dieser
Gelegenheit in der Gestaltung eigener
Niko-Figuren – und sei es nur, indem Sie
das vorgegebene Schema variieren:
– Rot und Weiß müssen keineswegs auch
  Ihre Farben sein.
– Lassen Sie die freischwebenden Figuren
  ein Stück weit in einer Wolke versinken.
– Fantasieren Sie sich einen Niko

mit Düsenantrieb,
mit Flügeln,
am Fallschirm,

einen Niko mit kurzen
Hosen

oder bunten Socken.

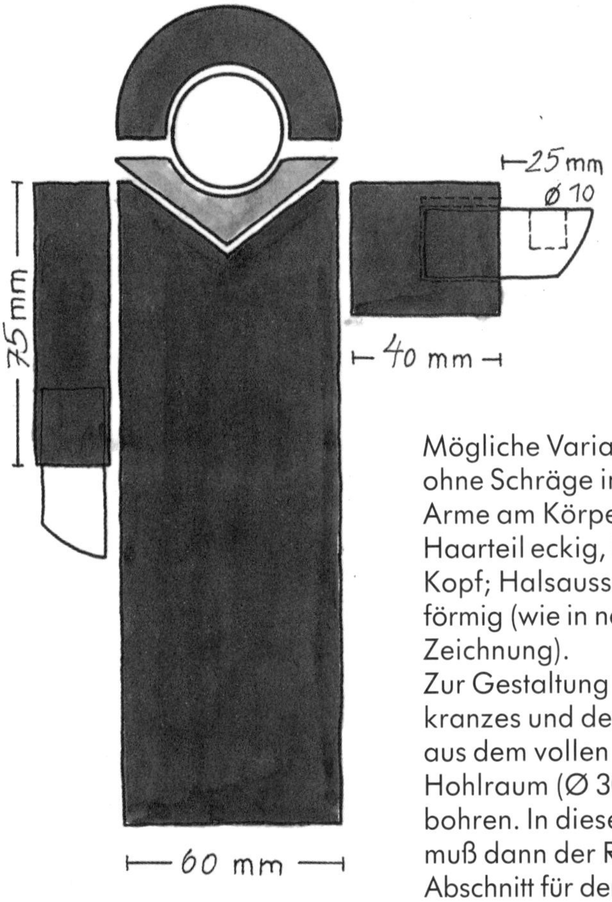

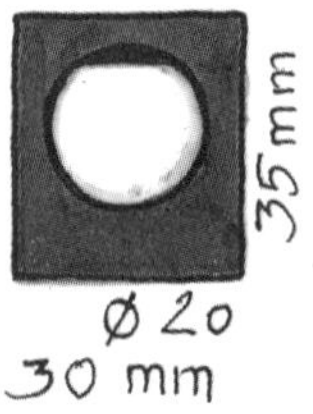

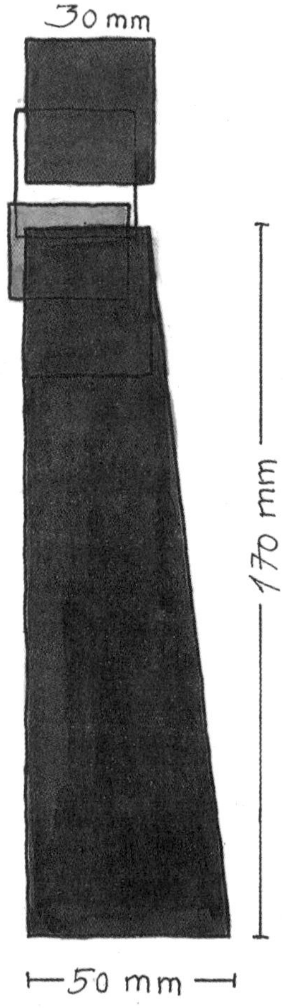

⊢25 mm
Ø 10

75 mm

⊢ 40 mm ⊣

Ø 20
30 mm

35 mm

30 mm

170 mm

⊢ 60 mm ⊣

⊢ 50 mm ⊣

Mögliche Varianten: Körper ohne Schräge im Rücken; Arme am Körper anliegend; Haarteil eckig, Kerze auf dem Kopf; Halsausschnitt keilförmig (wie in nebenstehender Zeichnung).
Zur Gestaltung des Haarkranzes und der Halskrause aus dem vollen Quader den Hohlraum (Ø 30 mm) herausbohren. In diese Rundungen muß dann der Rundstab-Abschnitt für den Kopf passen.

Kopf: Abschnitt eines
         Rundstabes,
         Ø 30 mm,
         30 mm stark
Arme: 40 x 30 x 35 mm
Körper: 60 x 170 x 50 mm
         bzw. 30 mm

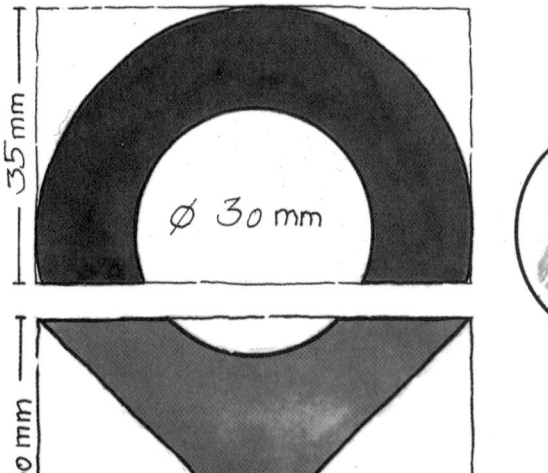

35 mm

Ø 30 mm

30 mm

60 mm

Ø 30 mm

Der Kopf sollte in seiner end-
gültigen Form 40 x 40 x 25 mm
messen. Deshalb ist es notwendig, das Kopfteil mit ent-
sprechenden Zugaben, die
den Sägeverlust ausgleichen
können, vorzubereiten.

KNÄUELSCHAF

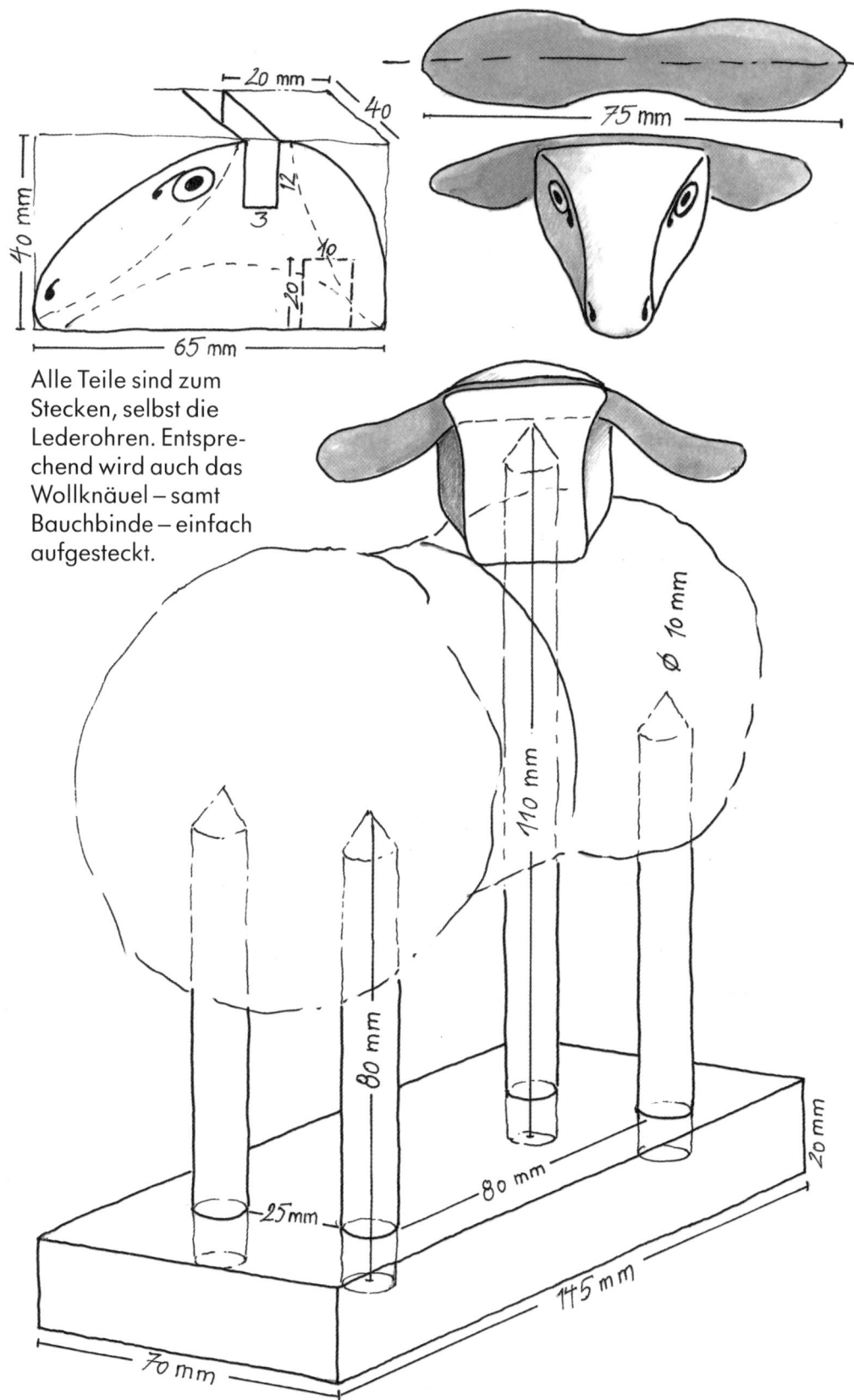

Alle Teile sind zum Stecken, selbst die Lederohren. Entsprechend wird auch das Wollknäuel – samt Bauchbinde – einfach aufgesteckt.

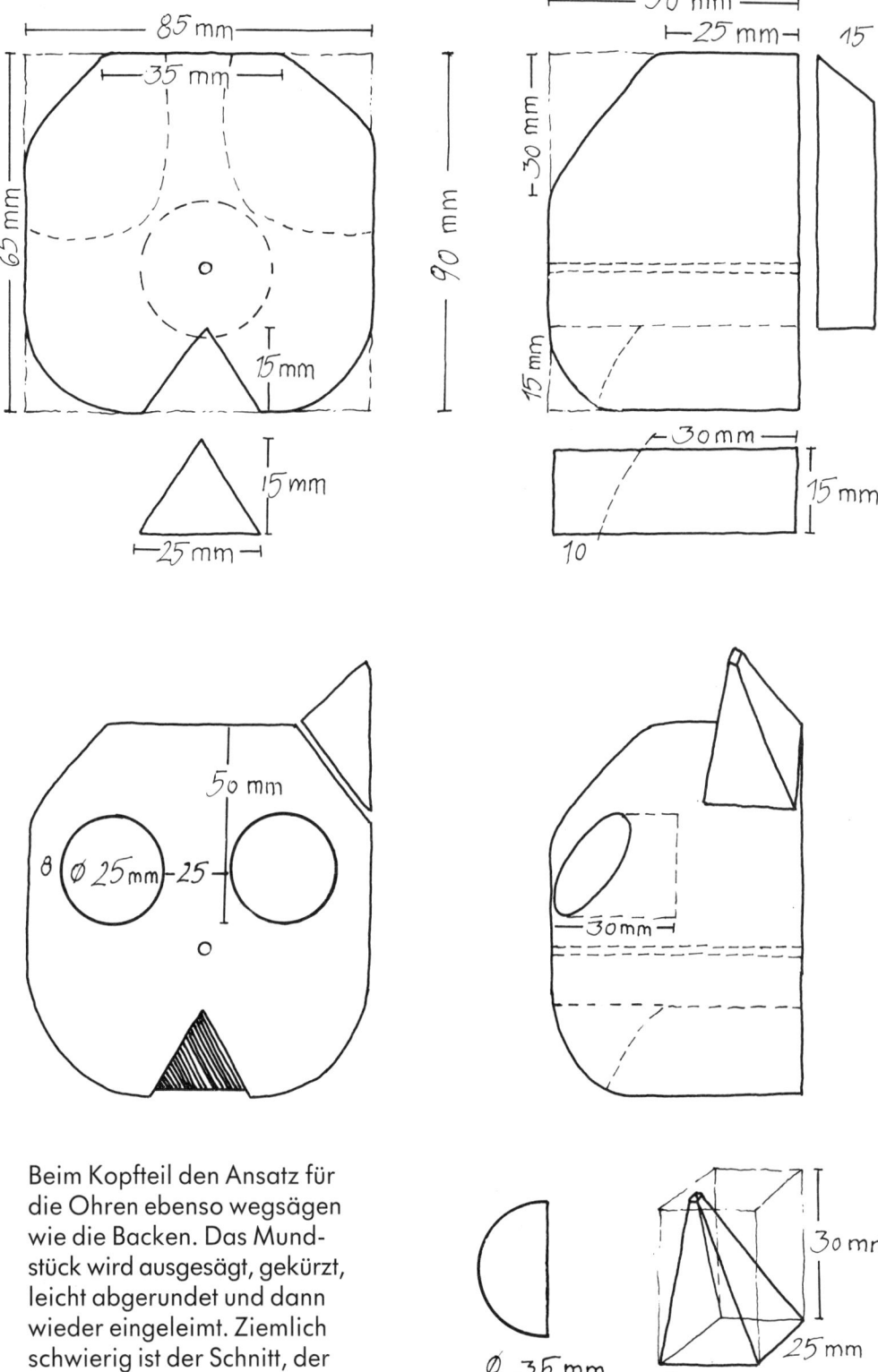

Beim Kopfteil den Ansatz für die Ohren ebenso wegsägen wie die Backen. Das Mundstück wird ausgesägt, gekürzt, leicht abgerundet und dann wieder eingeleimt. Ziemlich schwierig ist der Schnitt, der neben dem Nasenansatz schräg in Richtung Ohr durchgezogen werden sollte. Die Augenhöhlen senkrecht einbohren; die Tiefe hängt auch

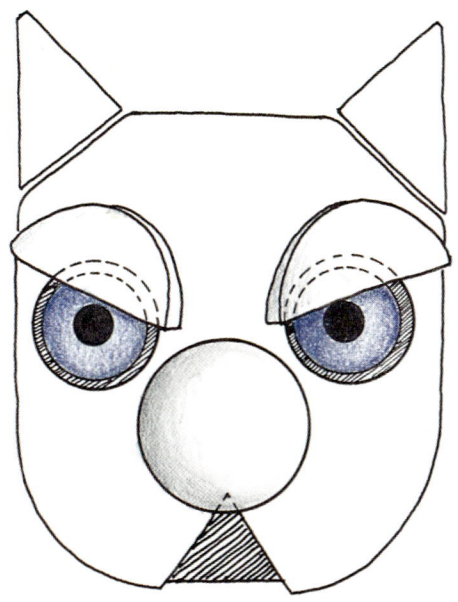
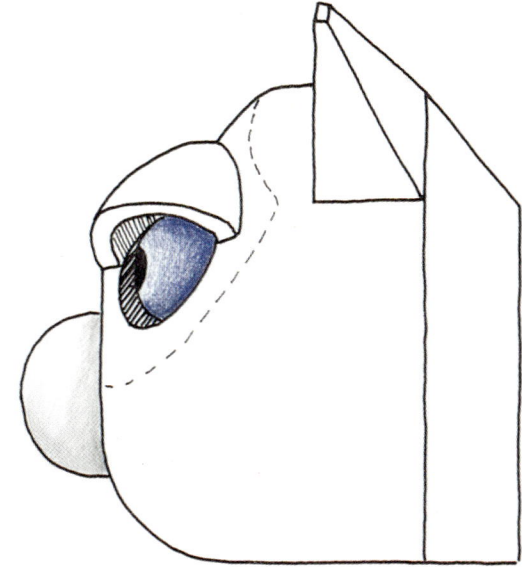

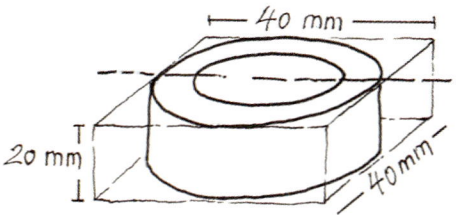

├── 40 mm ──┤

20 mm

40 mm

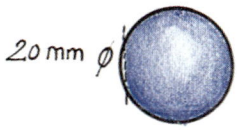

20 mm ø

vom Durchmesser der verwendeten Augen ab.
Für die Verbindung des Kopfes mit dem Körper ist ein kleines Loch notwendig; den später dort steckenden Schraubenkopf verdeckt eine Halbkugel, die Nase.
Die Würfelkatze hat Luxusaugen. Suchen Sie zwei schöne Glasmurmeln aus. Diese werden leicht angeschliffen, so daß eine Fläche für die schwarzgemalte Pupille

entsteht. Für den typischen Katzenblick sind auch Lider notwendig. In den vorbereiteten Quader (20 x 40 x 40 mm) zunächst eine Höhlung bohren, dann Ecken abrunden, den Kreis auftrennen und die Kante, die über dem Auge liegen soll, bestmöglich abrunden. Prüfen Sie die Auflage über dem Auge. Eventuell die Augenhöhle nachbohren. Augen und Lider aber noch nicht montieren.

Die dreidimensionale Darstellung einer Katze – mit einfachen Mitteln und aus Holz – hielt ich lange Zeit für absolut unmöglich. Die Idee für diese Katze war plötzlich da, als ich in Manfred Deix' „Satiren aus Wien" blätterte. Dort erscheint sie (auf Seite 71) als Westindische Würfelkatze.

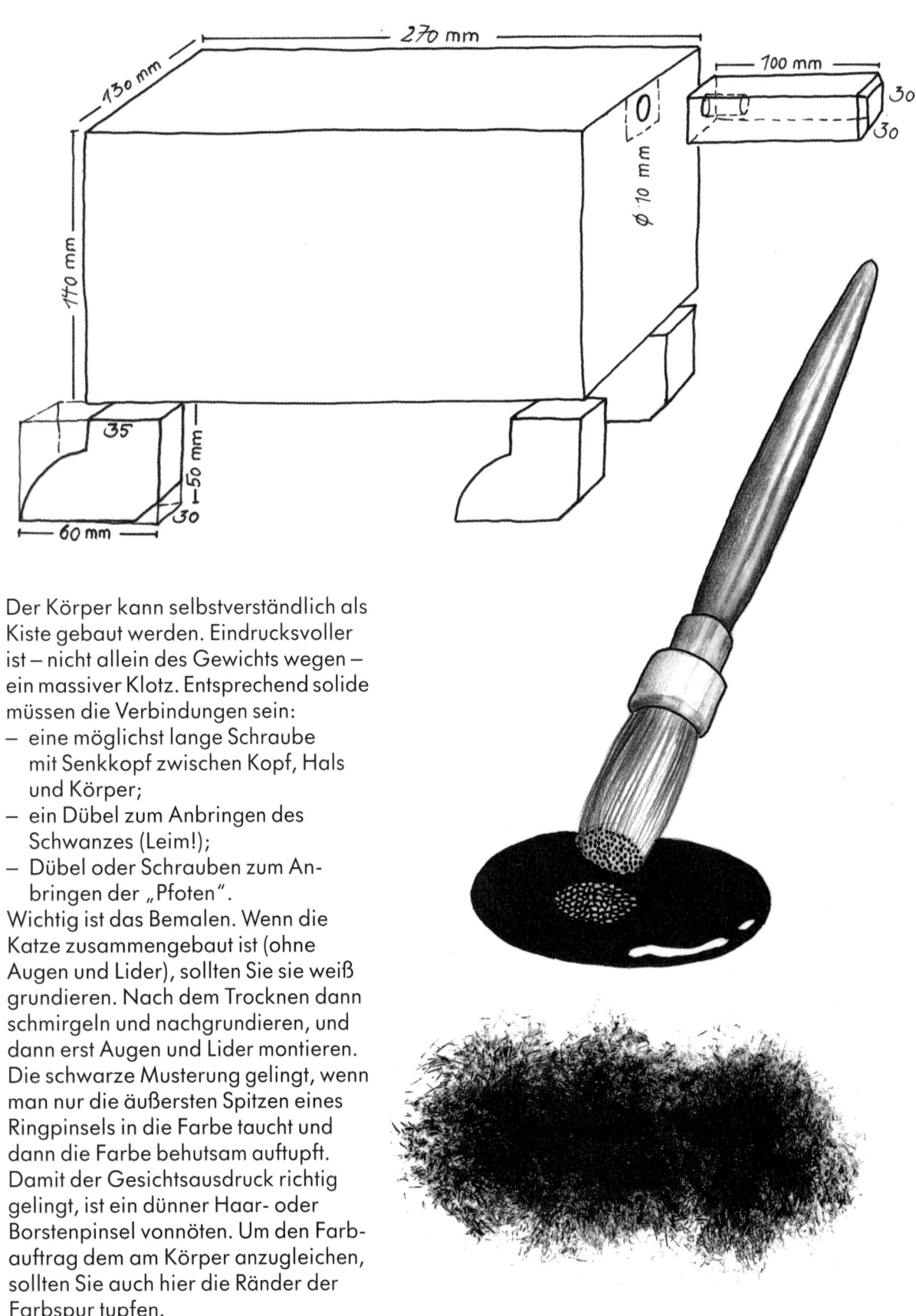

Der Körper kann selbstverständlich als Kiste gebaut werden. Eindrucksvoller ist – nicht allein des Gewichts wegen – ein massiver Klotz. Entsprechend solide müssen die Verbindungen sein:
- eine möglichst lange Schraube mit Senkkopf zwischen Kopf, Hals und Körper;
- ein Dübel zum Anbringen des Schwanzes (Leim!);
- Dübel oder Schrauben zum Anbringen der „Pfoten".

Wichtig ist das Bemalen. Wenn die Katze zusammengebaut ist (ohne Augen und Lider), sollten Sie sie weiß grundieren. Nach dem Trocknen dann schmirgeln und nachgrundieren, und dann erst Augen und Lider montieren. Die schwarze Musterung gelingt, wenn man nur die äußersten Spitzen eines Ringpinsels in die Farbe taucht und dann die Farbe behutsam auftupft. Damit der Gesichtsausdruck richtig gelingt, ist ein dünner Haar- oder Borstenpinsel vonnöten. Um den Farbauftrag dem am Körper anzugleichen, sollten Sie auch hier die Ränder der Farbspur tupfen.

YES

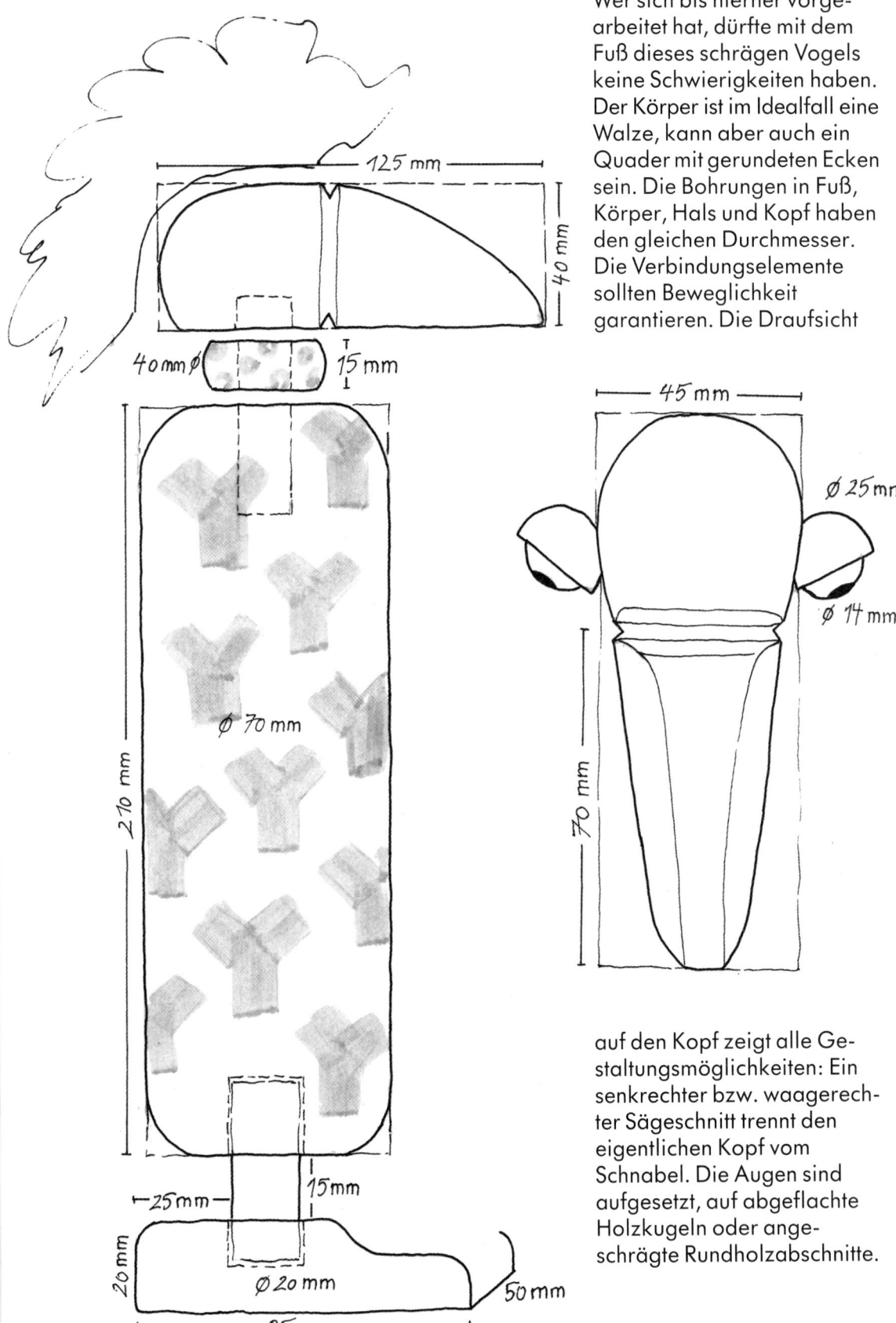

125 mm

40 mm

40 mm ⌀

15 mm

⌀ 70 mm

210 mm

25 mm

15 mm

20 mm

⌀ 20 mm

85 mm

50 mm

45 mm

⌀ 25 mm

⌀ 14 mm

70 mm

Wer sich bis hierher vorgearbeitet hat, dürfte mit dem Fuß dieses schrägen Vogels keine Schwierigkeiten haben. Der Körper ist im Idealfall eine Walze, kann aber auch ein Quader mit gerundeten Ecken sein. Die Bohrungen in Fuß, Körper, Hals und Kopf haben den gleichen Durchmesser. Die Verbindungselemente sollten Beweglichkeit garantieren. Die Draufsicht

auf den Kopf zeigt alle Gestaltungsmöglichkeiten: Ein senkrechter bzw. waagerechter Sägeschnitt trennt den eigentlichen Kopf vom Schnabel. Die Augen sind aufgesetzt, auf abgeflachte Holzkugeln oder angeschrägte Rundholzabschnitte.

45 mm

40 mm

40 mm

∅ 20 mm

10 mm

105 mm

60 mm

45 mm

∅ 30 mm

270 mm

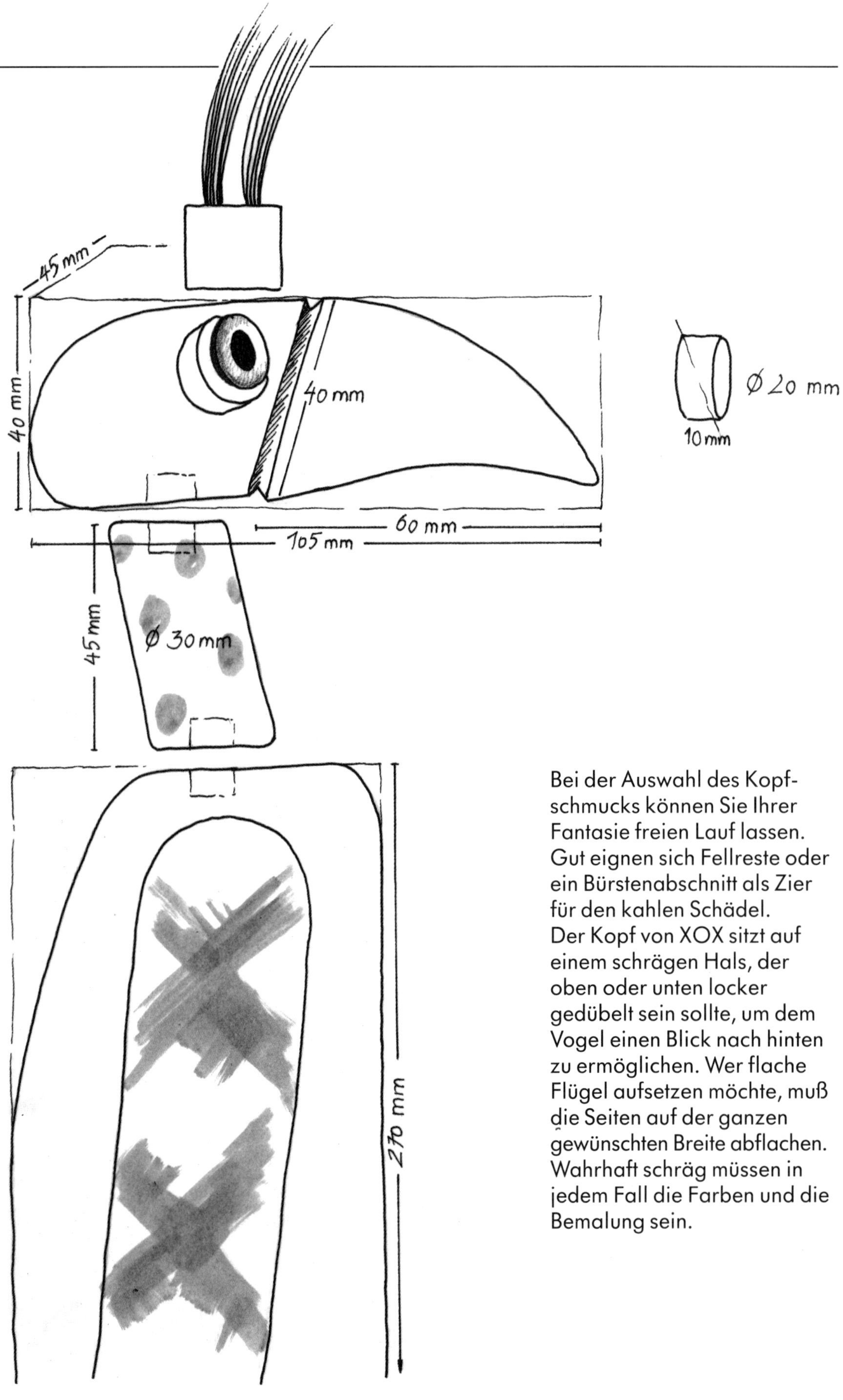

Bei der Auswahl des Kopf-
schmucks können Sie Ihrer
Fantasie freien Lauf lassen.
Gut eignen sich Fellreste oder
ein Bürstenabschnitt als Zier
für den kahlen Schädel.
Der Kopf von XOX sitzt auf
einem schrägen Hals, der
oben oder unten locker
gedübelt sein sollte, um dem
Vogel einen Blick nach hinten
zu ermöglichen. Wer flache
Flügel aufsetzen möchte, muß
die Seiten auf der ganzen
gewünschten Breite abflachen.
Wahrhaft schräg müssen in
jedem Fall die Farben und die
Bemalung sein.

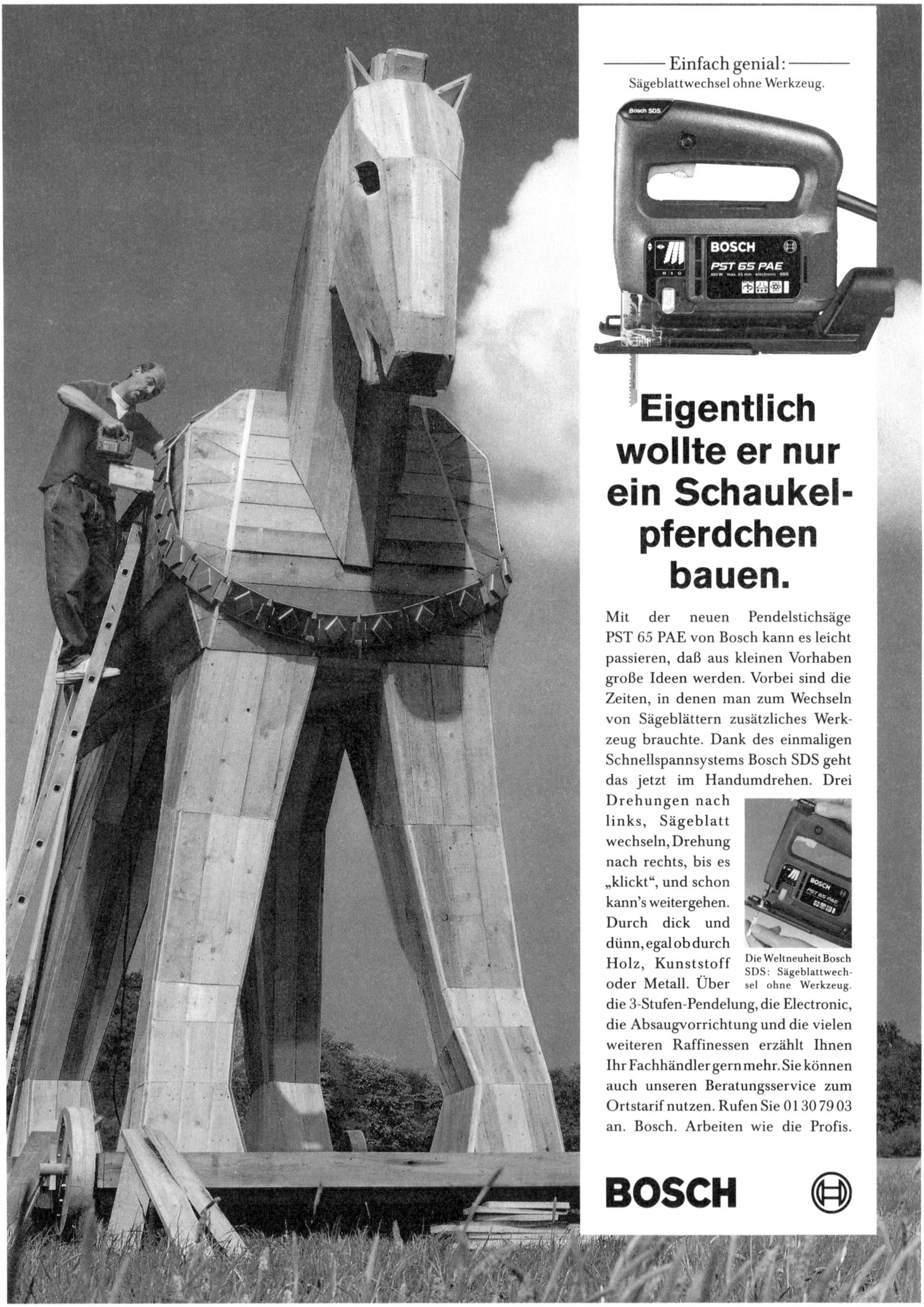
Einfach genial:
Sägeblattwechsel ohne Werkzeug.
Bosch SDS
BOSCH
PST 65 PAE
Eigentlich wollte er nur ein Schaukelpferdchen bauen.
Mit der neuen Pendelstichsäge PST 65 PAE von Bosch kann es leicht passieren, daß aus kleinen Vorhaben große Ideen werden. Vorbei sind die Zeiten, in denen man zum Wechseln von Sägeblättern zusätzliches Werkzeug brauchte. Dank des einmaligen Schnellspannsystems Bosch SDS geht das jetzt im Handumdrehen. Drei Drehungen nach links, Sägeblatt wechseln, Drehung nach rechts, bis es „klickt", und schon kann's weitergehen. Durch dick und dünn, egal ob durch Holz, Kunststoff oder Metall. Über die 3-Stufen-Pendelung, die Electronic, die Absaugvorrichtung und die vielen weiteren Raffinessen erzählt Ihnen Ihr Fachhändler gern mehr. Sie können auch unseren Beratungsservice zum Ortstarif nutzen. Rufen Sie 01 30 79 03 an. Bosch. Arbeiten wie die Profis.
Die Weltneuheit Bosch SDS: Sägeblattwechsel ohne Werkzeug.
BOSCH

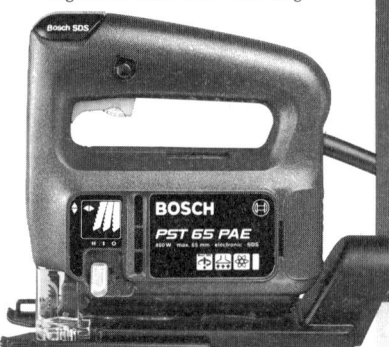

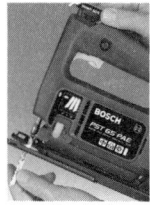